销售就是
玩转朋友圈

[美] 蒂姆·邓普顿 —— 著　洪云 王梦琳 —— 译
Tim Templeton

THE REFERRAL OF A LIFETIME

Never Make a Cold Call Again!

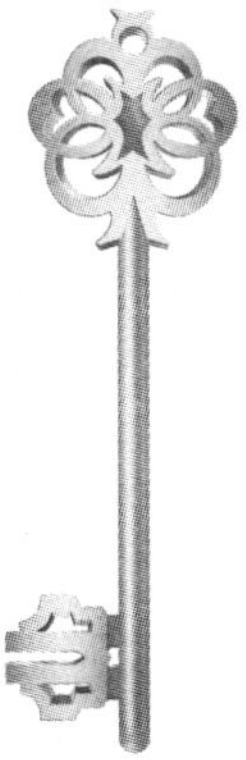

中国友谊出版公司

图书在版编目（C I P）数据

销售就是玩转朋友圈 / (美) 蒂姆·邓普顿著；洪云，王梦琳译. -- 北京：中国友谊出版公司，2018.12
书名原文：The Referral of a Lifetime: Never Make a Cold Call Again
ISBN 978-7-5057-4443-1

Ⅰ. ①销… Ⅱ. ①蒂… ②洪… ③王… Ⅲ. ①销售 Ⅳ. ①F713.3

中国版本图书馆 CIP 数据核字（2018）第 174666 号

著作权合同登记号　图字：01-2018-7035

书名　销售就是玩转朋友圈
作者　[美] 蒂姆·邓普顿
译者　洪　云　王梦琳
出版　中国友谊出版公司
发行　中国友谊出版公司
经销　新华书店
印刷　河北鹏润印刷有限公司
规格　710×1000 毫米　16 开
　　　12 印张　154 千字
版次　2018 年 12 月第 1 版
印次　2018 年 12 月第 1 次印刷
书号　ISBN 978-7-5057-4443-1
定价　49.00 元
地址　北京市朝阳区西坝河南里 17 号楼
邮编　100028
电话　（010）64668676

谨以此书献给我的三个女儿——萨拉、希拉和苏茜。我和玛利亚看着她们成长为才华横溢、恪守初心的职业女性。她们丰富了我的心灵，使我成为一个富有的人。

赞誉

如果你渴望成功或觉得若有所失，也许你真正寻找的是有意义的生活。按照本书中的方法，你会找到通往成功和有意义人生的道路。不论你的年龄或地位，这都是一本好书，请不要错过！

——菲利斯·亨尼斯·亨得利

Lead Like Jesus 总裁、首席执行官

作为一个有着35年经验的金融服务商，我见证了《销售就是玩转朋友圈》第一版所带来的深远影响，它影响了上千名理财顾问，他们都采纳并运用了邓普顿的推荐方法。新版则更加贴近生活，也让我们行业所有使用书中方法的人提升到了更高层次！

——卢·图莫罗

《军师》作者

对于所有销售行业的人来说，这项令人畏惧的工作就是不断寻求新业务。蒂姆·邓普顿的书《销售就是玩转朋友圈》没有谈到汗水、眼泪和挫折。你可以通过一套循序渐进的体系实现梦想——获得源源不断的推荐！书中的五项综合技巧揭示了推荐——这一绝妙的方法，并能让整个体系运作起来。书中网络评论的重要性和他的建立关系计划给我留下深刻印象。

通常我觉得很多书籍的附录作用不大，但是蒂姆的附录却是个宝藏。里面列出了实施这一完美体系的完整计划。不论你是处于创业初期，还是像我一样是个经验丰富的企业家，我都极力推荐这本书。书中的各种策略不仅非常实用而且操作性极强，的确是一笔不可多得的财富。

——约翰·墨菲

约翰·墨菲国际公司总裁

《销售就是玩转朋友圈》第一版中讲解的原则，对我过去 20 年建立关系和开展业务有着深远的影响。蒂姆，谢谢你教会我们如何经营企业——如何真诚、朴实地对待客户的需求、愿望和期待。新版不仅介绍了在关系建立中要融入社交媒体和社会认同元素，还包括了许多至理名言。由于新修订版有了重大更新，本书对每个企业家来说，变得更加实用也更加重要。本书也适合市场上所有想获得真正成功并全力以赴的人。

——凯尔·罗宾逊

BizSchoolofHardKnocks. com 首席执行官

当你不是通过销售产品来服务客户时，你会发现《销售就是玩转朋友圈》能让你的业务发生巨大的改变。

——乔·福利

Disk. com 首席执行官

开展以推荐为基础的业务，其核心方法永远都不会改变。这些方法几千年都没有变过！但是我们使用这些方法的方式在不断变化。这也是为什么我有幸并愿意重新回顾《销售就是玩转朋友圈》这一修订版。多年前，我读了第一版，我成功地将书中的方法运用到所有销售人员的培训中。作为一名畅销书作者和营销公司的老板，我觉得邓普顿的方法比以往更重要！新修订版本延续了原版的精华也让本书更加完美——完美结合了最新和最棒的策略。我会把这本书推荐给我所有的客户！

——埃弗雷特·奥基夫

畅销书《书中自有黄金屋》作者

《销售就是玩转朋友圈》是销售主题中不可多得的一本好书，谁不想获得更多的推荐呢？但是本书还远不止如此。《销售就是玩转朋友圈》结合了有趣的故事和建立业务的强大方法。其中隐含的提升利润的信息，可以描述为‘提高生活质量’。没错！本书不仅能帮你建立业务，还能改变你的生活方式。你也能将书中的行动步骤、工作列表和信件模板运用到你的工作中。最棒的是，你几天就可以把这本书读完！

——吉姆·帕尔默

梦想商业导师

阅读完最新版的《销售就是玩转朋友圈》后，你将再也不会像以前那样看待个人关系和职业关系。你会更深入地了解这两种关系——真正地深入——这同时也会改变你的一生。

——汤米·斯波尔丁

《纽约时报》畅销书《它不止你所认识的那样》和

《内心引导领导者》作者

《销售就是玩转朋友圈》的新版通过通俗易懂的故事，讲述了人们应该如何对待他人的永恒原则。书中建立和维护关系的方法虽简单却意义深远，也是无价的。任何从商的人（我们中的大多数人）都应该学习并运用本书的推荐方法。这是一本由大师创作的名作。

——克雷格·凯斯

采尔马特会议学习中心高级副总裁

一本好书是具有教育意义的，一本好书也是具有激励意义的。《销售就是玩转朋友圈》就做到了这两点。对于那些想表现真实自我以及对关系和推荐感兴趣的人，本书能完全改变他们的人生。此书很重要，已经是我们150名特许经营人及其团队的必读书目。我们也把书中所有的原则和推荐体系运用到我们的特许经营人的培训中。

——乔伊·奥斯本

TMA特许经营加盟体系创始人

有趣、吸引人、信息丰富，《销售就是玩转朋友圈》为如何建立盈利的、以关系为基础的公司提供了深刻的见解和清晰的方向。值得我们照此去做。

——弗雷德·约翰逊

富兰克林柯维公司私人教练部营销主任

太棒了！对于那些想要获得新客户，且想要防止竞争对手抢走现有客户的人来说，本书能真正让他们有所启发。

——斯基普·霍克

普罗鲜花公司高级副总裁和总经理

前言

《销售就是玩转朋友圈》是与伯瑞特凯勒出版社合作出版的布兰佳系列丛书下的第一本书，此书的成功以及这一新修订版的问世让我激动不已。

最初选择这本书作为我的系列丛书中的主要作品，是因为我致力于为领导者和管理者们推荐简明易懂且蕴含寓言性质的书，能给他们阐明其中的简明真理和深刻智慧，侧重于最大限度地提升团队的人文精神。《销售就是玩转朋友圈》是一本畅销书，被翻译成12种语言出版。这本书完美地契合了我的想法——这一新修订版本的出版，仍然符合我的想法。

新增的章节，新增的社会认同原则，以及许多新想法（例如：如何确定完美客户化身）使这一版本比旧版更实用更贴切。我希望所有读者都能继续将此书分享给身边的重要伙伴。

由于总是有如此多的任务需要限期完成，有太多的地方需要走访以及有太多的事务有待处理，我们几乎没有时间停下脚步去感谢一路上帮助我们达成目标的人们。《销售就是玩转朋友圈》能让你意识到个人关系和职业关系是多么重要。阅读本书时，你不仅能以全新的眼光评价这些关系，而且你还会发现许多真理，它们有助于简化和提高你的业务。

当然，这本好书最早是由我的好朋友文斯·西西里亚诺推荐给我的，我很信任也很尊重我们之间的关系。我和文斯关系很好，这激励着我一口气就读完了《销售就是玩转朋友圈》。

阅读本书的过程中，我发现自己在重新审视自己和我的员工，并思考如何对待家庭关系和工作关系。我想象着当我运用黄金法则并把关系放在第一位时，我的事业、个人生活会有怎样的变化。我希望马上将这本书分享给我最重要的伙伴——我的妻子玛吉。然后我们一起将此书分享给其他家庭成员和我们公司的核心领导人。

把关系放在第一位的概念并不复杂，确实很多企业都将它视为理所应当。如果你有兴趣维系客户、获得更多的推荐以及更好地服务于现有客户群，《销售就是玩转朋友圈》可能就是你要找的书。我敢保证此书有助于你停下来评价你所拥有的关系，以免让关系流失。

蒂姆，谢谢你，你不仅不断提醒我们，“关系”在彼此生活中是多么重要，还给我们呈现将关系与实现商业目标相联系时，如何成就更有价值的关系。我希望你能继续分享这一重要法则，我也相信我们珍贵的关系会持续一生。

肯·布兰佳

《一分钟经理人》《更高层面的领导》作者

目录

THE REFERRAL OF A LIFETIME

THE REFERRAL OF A LIFETIME

第 1 章

问题

×

销售遭遇瓶颈期

加利福尼亚咖啡馆又迎来了一个美好的早晨，它坐落于加利福尼亚州一个名为兰彻贝尼西卡的沿海小镇上，小镇虽不大却高档繁华。这家咖啡馆是当地人最爱去的地方。海港和街道间晨雾缭绕，咖啡馆的常客或从容地进进出出，或坐下闲聊，享受着小小咖啡馆里的气氛。

咖啡馆老板本尼·班克斯站在古色古香的橡木吧台后。当这个小镇还只是供19世纪帆船停靠的港口时，这个咖啡馆就已经存在了，当时是水手们喝酒的地方。目前本尼和三个咖啡师在此经营，并在吧台配备了不同时代风格的镀金意大利蒸馏咖啡机，于是喜欢这个咖啡馆的顾客朋友们就成就了现如今的他和他的团队。

稍微停顿了一会儿，本尼观望四周，露出了微笑。他最喜欢的五位常客都在。

坐在咖啡馆正中央，手上拿着大杯摩卡的女士是希拉·玛丽·德威路克斯，她是小镇上最有名的房产经纪人之一。可以说她是一个长相出众、不拘一格的女人。她长着一头乌黑秀发，艳丽衣着，谈话时喜欢配以手势。每个嘈杂的早晨，她几乎都不会错过那张她最喜欢的桌子。本尼记不起她上一次独自前来是什么时候了。她总是带着别人一同过来，本尼当然很高兴，因为这意味着又多了一个喝咖啡的人。本尼不禁注意到，不论眼前的人是谁，希拉·玛丽都会像对待家人一样对待他们。就像平时对待本尼一样。

“本尼，请再续一杯咖啡!”本尼将头转向了另一位常客——保罗·金斯顿。保罗衣着休闲，是个30多岁的壮小伙，手里正拿着喝完的香草拿铁咖啡。保罗带着他的体育报纸和他自己的咖啡杯，每天早上固定坐在角落的位置。他是个值得信赖的人，他认识所有人，似乎对什么都略知一二。他喜欢四处传播自己的知识，目前在小镇最大的汽车经销店管理销售工作。本尼没有听到过任何有关保罗的不好言论——除了听他说要减少拿铁的花费。但保罗刚刚又点了一杯，这让本尼笑了起来。

露台上坐着的是年轻的萨拉·辛普森，她在29岁前就荣获“年度女企业家”称号，受到了众人仰慕。那天正好是周二。每个周二和周四的早上八点半，她都会在这里与她的8名销售精英见面。她是个精力充沛的人，所有人都为她感到自豪。萨拉喜欢沐浴着加利福尼亚温暖的沿海空气，并在咖啡馆门口的帐篷伞下给公司所有的销售顾问开晨会。“所有人都是两杯浓缩咖啡，本尼!”这常常就是她的早间问候。而本尼却总是给她三杯，只是想看看她是否注意到了。

随后菲利普·斯塔克豪斯穿着一双价格昂贵的休闲鞋大步走来，点了一杯不加奶的卡布奇诺，郑重地向大家挥手问好，开始他新的一天。菲利普刚过40岁，他凭借着自己的社交才能和早些年在华尔街做证券交易的经验，现在在做理财规划，成了兰彻贝尼西卡小镇上最值得信赖的人。所有人都认识他，也很信任他，并向他们的朋友介绍菲利普。

“老规矩?”菲利普向他走过来时本尼这么问道，这样也可以节约菲利普几秒钟的时间。菲利普则向本尼竖了竖标志性的大拇指，随后径直走向老橡木吧台，取出零钱放在收银台上等待着本尼递给他早间咖啡，而本尼则快速制作着咖啡。

本尼看着菲利普故意将上半身探出门外，对着喝咖啡的人微笑致意。本尼看着这一幕，双手叉腰享受着眼前的一切。

此时珍妮·霍根走进门，她那迷人的微笑和特有的魅力瞬间照亮了整个咖啡馆。本尼笑了，他注意到珍妮博士点的是中杯摩卡加半泵巧克力且另加鲜奶，这完全符合她那有魅力的个性。在“社交媒体”这一术语出现之前，而且还未成为大学课程前，珍妮就已经是一名从事社交网络的世界级专家。直到有一家500强公司发现她掌握了大量关于如何利用社交媒体和社会认同来推动收益增长的知识，开始给她支付大笔的钱，她花也花不完。然而，所有认识珍妮的人都会告诉你赚钱从来都不是珍妮的主要目的。

这时本尼注意到了独自站在吧台边的苏茜·麦坎伯，盯着用咖啡匙在咖啡中搅出的小圈圈。本尼记得她最常点的是加热牛奶的榛子咖啡，随后便向她走去。

“你好。”

苏茜立马抬起头：“你好，本尼。”

“近来怎么样?”

“挺好的。”她敷衍地回答道，又继续盯着杯中的咖啡。

本尼又向她靠近了些：“好吧，你真的没事吗?”

这次苏茜没有抬起头：“哦，你真的不需要知道，本尼。但是谢谢你关心我。”她开始紧张地用手指轻轻敲击柜台。本尼从他肘边的大玻璃罐里拿出一块巧克力脆饼放在纸垫上，然后将纸垫放在一个小盘子里，顺手将小盘子推到苏茜的手边。这让他们完全放松下来，苏茜抬起头看着他的眼睛。

“不，”本尼说道，“我很想知道。”

苏茜感觉到了本尼的真诚。她便对着本尼微微一笑并说道：“好吧，情况是这样的……我不能再否认了……我已经走到分岔口了。”

“什么分岔口?”

“事业上的。我必须得承认我并没有真正得到我想要的东西。我不知道该怎么办了。我如此渴望拥有自己的事业。我想感受朝九晚五的工作之外的生活,我想为我自己的梦想打拼而不是为他人的梦想奋斗。你知道吗?”

“嗯,没错。”本尼叹了一口气,环顾了四周说道,“我知道。”

“我想谋生,但不希望我的薪水由他人的一时心情决定。所以我鼓起勇气拿出我所有积蓄……我在冒险,在尝试。但是,”她顿了一会,拨弄着那块脆饼,“并不尽如人意。我可能得放弃了。”她摇了摇头,“我的意思是,我绝对是电话推销中最差的一个。我做不好。真的不能。”

“未必。”

苏茜感到很惊讶,抬头看着本尼。

“这不仅仅在于挣钱,不是吗?”本尼说道。

“嗯,或者本来是该这样。也许我本身就不适合做任何事情,只能是打发时间然后得过且过。”

本尼斜靠在身后的吧台上,抱着双臂,打量着苏茜。

最后,苏茜再也忍不住了:“怎么了?哪儿不对吗?”

本尼微笑着说道:“你想多了。苏茜,你不知道这些话听起来是多么熟悉。等一下,我一会儿给你一个号码。你可以选择拨打或者不拨打。但如果你拨打了这个号码,嗯,比如说我吧,我拨打了这个号码,见了他,也照着电话另一端的人所说的话去做,”他比画了眼下这个繁忙的咖啡馆,“然后就有了现在的咖啡馆。”

他拿起一张纸巾和一支笔,写好一个号码递给苏茜。(见图1-1)

“他叫大卫·迈克尔·海格伦德,多年前,我的一个好朋友将他介绍

图 1－1

给我，现在我也将他介绍给你。”

苏茜仍然感到忧心忡忡。她观摩过那么多网络会议，读过那么多书，听过很多“突破自己”的大道理。她怎么会再次感到兴奋呢？她觉得自己已经没有精力再做一次会令她失望的事了。

“不，海格伦德的理论体系及方法和你之前听到的完全不一样。”

苏茜着实吃了一惊：“你也能读懂别人的心思？”

“不是的，我只是知道你在想些什么。这只是另一种方法，对吗？”

“但你听过一种和关系有关的方法吗？”他问道。“或者说，你听过在创业过程中，无论如何都要在正确的时间做正确的事，并与自己所服务的客户建立关系的方法吗？你还听过把关系放在第一位，即打下商业基础的黄金法则吗？”

“相信我。”本尼笑着说，“大卫·海格伦德不是冲着钱来的，现在不会，以后也不会。然而他是所有我认识的人中最成功的一个。这和钱没有关系，他现在所拥有的钱足够他花了，这一切只关乎激情、目标和自我价值的实现。这也是促进他前行的动力。”本尼将纸巾推到苏茜的手边，“你自己决定吧。让他知道是我将你推荐给他的，也让我知道事情的进展。”然后本尼又回到吧台，等待下一位顾客的到来。

苏茜看了看那张纸巾，又看了看本尼，然后又将目光投向了纸巾。她心不在焉地拿起那块脆饼，在咖啡中浸了几次才咬下一口。本尼又开始忙着招呼客人，而苏茜再一次陷入沮丧之中。她喝掉最后一口咖啡，收拾好自己的东西转身离去，又想起了那张纸巾。

让她自己都感到吃惊的是，她伸手去拿了那张纸巾并带走，又回头看了一眼本尼，便转身离开。

苏茜坐在自己的车里，刚拿起手机又放下了，盯着写在咖啡馆纸巾上的潦草数字。脑海里涌现的一大堆想法让她犹豫不决，比如说可能会获得很多让人无法采纳的商业建议。也许她得承认她的梦想本身就不适合自己，也许自己的性格就不合适——或其他方面的原因。

她又想起本尼说的话。

她叹了一口气，但有三件事情她是确定的：她需要帮助；她没什么可失去的；她需要赢得一切。于是苏茜在手机上输入了电话号码，按下了拨号键。

“你好，我是大卫。”电话那端的回应出奇地温暖。

“你好，”苏茜说道，尽量掩饰着自己的紧张，“嗯，你好……我是苏茜· 麦坎伯。我从别处得到了您的号码。您现在方便接电话吗?”

“当然。”仍然是友好的回应。

苏茜停顿了一会儿，感受着这种温暖，她不太习惯从陌生人口中听到这样的话。她给太多陌生人打过推销电话，当然陌生人很讨厌接到推销电话，她自己也很讨厌电话推销。苏茜深吸了一口气，说道：“海格伦德先生，希望没有打扰到您。是这样的，咖啡馆的本尼将您的名字告诉了我，并建议我与您谈谈，他说您曾帮助过他，觉得您应该也能帮我。”

她几乎可以从他的声音里感受到他的微笑：“哦，是的，本尼。他这个人很不错。他的朋友就是我的朋友。我该怎么帮你呢?”

苏茜意识到自己不再感到紧张。令她吃惊的是，她将一切都告诉了海格伦德：

“嗯，是这样的，半年前我开始创业。但现在我好像已经失去了动力，我开始觉得问题出在我自己身上。我的意思是，创办之初一切顺利，我所隶属的服务公司非常棒，员工们也乐于助人……我对我们所做的一切很有信心。但是，不知为什么，还是没有成功。我已经偏离了轨道，似乎也回不去了，我感觉……感觉……自己像个……”她说出了自己逃避了好几个星期的话，“失败者。”

苏茜将这件事告诉了一个完全陌生的人，她感到难以置信。她花了几周时间参加了当地商会举办的商业网络会议，按照培训中学到的电话推销的步骤来做，但仍然毫无结果，这让她变得越来越沮丧。

身边有许多成功人士待她友善，给她鼓励，让她变得乐观向上。但是眼看着每周下来她与业内其他人士相比已很难再保持同一业绩水平了，因为她根本就没办法留住新客户。

事实上，她从一开始就硬性规定自己每天要签订几份合同，但最近却一无所获。现在她在工作日里，整天期待着另一位商业大咖的出现，希望能从他那里获得轻松的办法，或只是上网查找一些营销专家的意见，或听一些能对她产生帮助的广播。日复一日，她能感觉到自己越来越没有信心，本金也在慢慢耗尽。

“苏茜。”海格伦德温暖的声音让她迅速从焦虑中恢复过来。

“哦，不好意思，”她尴尬地说道，“真的，请见谅。我刚才满脑子想的都是这件事。”

“苏茜——我可以这样称呼你吗？”

“当然可以，”她回复道，“我的朋友都这么称呼我。”

“苏茜，你当然不是个失败者，”海格伦德说道，“你只是处在这样的境地中：所有人都要在某段时间经历其职业生涯和人生的失意阶段。你现在正在壁炉架上。”

“壁炉架?”她重复了一遍，“您的意思是放在壁炉上的那种壁炉架?”

海格伦德笑了：“这只是个比喻。壁炉架是用于反思的地方，也是能发生好事的地方。对我来说这也是帮助你的最佳地方，因为如果你要走下壁炉架并保持前进，你就需要制定一个新计划。这样你才能前进，我向你保证。我这么说理解吗?”

“当然理解。”苏茜回应道。

海格伦德继续说道：“在我们见面之前，我希望你知道我的帮助并不适合所有人，也就是我的理念或经商方式不适合所有人的风格，也不能满足所有人的需求。所以在我同意和你见面之前，我需要问你几个问题。可以吗?”

“嗯，”苏茜说道，“没问题。”

“好。第一个问题：你觉得商业自我和个人自我之间有差别吗?”

她认真听着，海格伦德接着说：“换句话说，你想在你的商业生活中呈现更真实的自我，并进一步完善那些让你与众不同的天赋，而不是试图模仿他人吗?”

“我从未想过这个问题，”苏茜回应道，“我觉得商业自我和个人自我之间不应该有什么差别。但对我来说，嗯，我觉得我在工作中的表现完全不一样，这让我感觉很不自在。当然，我很想做真正的自己，但我不确定是否完全理解您的意思，也不知道该如何去做。”

“回答得很好，”海格伦德说道，“这应该是你在壁炉架上的第一个‘顿悟时刻’。这说明你已经具备了惊人的天赋。我这里指的是你的先天才华，是与生俱来的天赋。如果你在工作中运用这些天赋或先天才华，随着时间的流逝，你会说出内心真实的声音，你会感到满足，也会更加具有创造力。大多数时候，我们都是最后发现自己才华和天赋的人，而这些才华和天赋恰恰是别人最看重的部分。”

“我给你举个例子，也许能帮你解开真相。你看过《绿野仙踪》吗？苏茜。”

“嗯，看过。”苏茜说道，脸上露出了天真的笑容，“那些飞猴吓得我晚上睡不着觉！”

“是的，它们也吓到我了。”

海格伦德接着说，“你是否还记得桃乐茜和托托想办法回家，在前往翡翠城的路上，遇到了想要一颗大脑的稻草人，想要一颗心脏的铁皮人和想要获得勇气的胆小狮子？”

“一路上，每当他们遇到问题，稻草人总是第一个站出来思考当下情形并提供周全的建议。在伤感时刻，铁皮人会哭到全身生锈——代表的是强大情感。在前往女巫城堡的路上，受到攻击时，胆小的狮子会走在前面带路——代表的是巨大勇气。”

苏茜说道：“确实，我很喜欢那部电影。”

海格伦德笑了笑继续说道：“他们最终见到奥兹国的魔法师时，他们仍然没有意识到自己的天赋和才华。最后魔法师给了稻草人一张奖状，给了铁皮人一块心形手表，而胆小的狮子获得了一块奖牌。

“最后，所有的人物才意识到他们早已拥有那些期望已久的东西。这些特质对他人来说显而易见，而他们需要自己去发现并接受。

“苏茜，关键就在于：当你认识到自己的天赋和先天才华，并将此运用到你的工作中时，你的真实声音才能被听见。人们也会被你吸引，因为你很真实，你的真实会像一块磁铁吸引他人，并成为防止模仿他人的最强大武器。

“你看，苏茜，当我们认识、珍惜、接受我们的天赋时，我们和电影中的人物没有差别，正是这些天赋让我们变得独一无二。

“所以这是我的第一个问题，苏茜小姐：你是否准备好做更真实的自己？是否准备道出内心真实的声音？”

苏茜伸着下巴，睁着迷茫的大眼睛回答：“当然，海格伦德先生，我从来没有像现在这样准备充分。”

海格伦德赞许地点点头，他回应道：“说得好，苏茜，说得好！”

“那么，第二个问题。准备好了吗？你相信你提供的产品或服务吗？将你自己和公司任何方面联系在一起时，会感到骄傲吗？”他问道，“但不仅仅是为了挣钱。”

“我将告诉你如何成为你自身及公司的终生支持者，所以你能带给他们价值这一点是很重要的。这样的话，即便你要继续前行，所有与你合作的人都会觉得你目前的公司提供的产品和服务会引导他们更好地发展。”

“对此，我没有异议，”苏茜坚定地回应道，“那也是我一开始就选择创业的原因。”

“很好，”海格伦德说道，“现在，第三个问题。有时这也是最难回答的问题。你愿意坚持到底吗？每个人都与众不同，所以对于不同的人我分享的方法也不同。但最关键的一点是，每个人在这一过程中都要具备我所说的‘表现出坚持不懈的毅力’。”

“你很快就能看到结果，但是只有日复一日将‘关系放在第一位’这一方法运用到日常生活中并持续四个月，真正持久的效果才能显现出来，这也是你的商业基础和生活基础。随后的每个月要继续保持并进一步深化。所以企业经营的全过程是这样的：你是否愿意始终坚持行动，而这一行动方案不包括陌生电访或者令他人不舒服的强制性营销等传统销售手段，但要承担自己的那部分责任呢？”

苏茜感到一丝焦虑，但她没有听到任何让她反感的话。“是的，我准备试一试。”她坚定地回答道。

“很好，苏茜，我也准备好了。”他回答道，“如果方便的话，我们今天下午 3 点左右在咖啡馆见面。”

“好的，我会准时到的。”

“那好。到时见。”

没等苏茜回答，海格伦德又说道：“哦，还有一件事。”

“什么？”她问道。

“你会做得很棒的！”

苏茜轻轻放下手机。她已经陷入什么样的生活了？但她相信本尼，而这位海格伦德先生似乎是本尼的好朋友。她瞥了一眼车镜中的自己。告诉自己：“反正你已经没什么可失去的了。”

她会赴约的。

第2章

分析

你是哪种关系型人格

下午3点整，苏茜走进本尼的咖啡馆时，本尼热情微笑着向她打招呼。本尼挥挥手，递给苏茜一杯她常点的热咖啡，并朝着邻桌的客人点了点头。苏茜接过咖啡杯顺着本尼点头的方向看去。

那张小桌子边摆放着两把椅子，桌子上摆放着一张手工制作的预订标志和一个白色咖啡杯。苏茜左右观望，看到附近没有人，便向那张桌子走去。白色的咖啡杯里盛着浓香四溢的黑咖啡。随后她端着自己的咖啡缓慢地坐下。

“你好。”

苏茜一惊。她的肘边站着一位满头银发、身材修长、穿戴整洁的男士。

“希望没有吓到你。我就是大卫·海格伦德。”

她站了起来：“哦，没有，真的没有吓到我，我没事。我刚才只是没有看见您……”她低声咕哝着。她又回头看了一眼本尼，本尼给她竖了个大拇指然后就匆匆离开了。

海格伦德脸上露出了微笑，在她椅子边挥手示意：“请坐，苏茜，我们来谈一谈。”

苏茜坐下了，海格伦德也随之坐下。苏茜抿了一小口咖啡，突然变得更加紧张了，并没有想象中那样信任眼前这个人。但她一直想到本尼，因为相信本尼，所以她决定敞开心扉。

海格伦德肯定也注意到了这点，因为接下来他说的是："你有些犹豫，对吗？我能理解。这也很正常。但我来这里是因为我们共同的好友将我推荐给你，是吧？"

"是的。"她回答道。对于他如此直接地说出这样的话，她有点尴尬。

"那么，于本尼而言，我就有责任关照你。知道为什么吗？因为不论我的事业多么成功，我和本尼之间的关系都要比任何服务或计划来得珍贵。所以，帮助你，是因为我重视我和本尼之间的关系。"

这让苏茜的心情放松了一些，她问道："您的意思是？"

"我的意思是，我们正在做的事会不断变化，这是你接下来三天所学内容的关键。换个说法。你也珍惜与本尼间的关系，对吗？"

"是的，我很珍惜。"

"如果他让你帮忙做点事，你会尽力去做并做好吗？"

"嗯，会的，我不想让他失望。"

"为什么呢？"

"哦，因为我珍惜我们的关系。"

"那就对了。实质就在于此。如果你意识到关系比你的产品或服务更为重要，并总是将关系放在第一位，你现有的客户或即将走进你生活的新客户都会意识到这一点，会明白你言行一致，他们也会乐意将他们的朋友、熟人或者伙伴介绍给你。当那些他们认识的人需要你的产品或服务时，知道你一定会坦诚以待。"他思考片刻，"需要打个比方吗？"

"当然。"

"把这个世界想象成一个鸡舍。我们寻求客户时可将客户看成小鸡，我们东奔西跑就是要努力将我们的产品卖给我们遇到的每只小鸡。如果我们抓到了一只，当晚就可以享受丰盛的鸡肉餐，但我们还要经历寻找小鸡并抓住另一只鸡的过程。换个角度思考，如果能与所见到的每一只鸡建立关系，照料它们，将它们养肥——如果我们继续与它们保持关系，它们将我们推荐给其他小鸡——那么我们一辈子都有鸡蛋饼可以吃。这样我们就不必每天去寻找新的小鸡了。"

"嗯，很生动的比喻，"苏茜笑着说，"虽然我不喜欢鸡蛋饼。"

海格伦德笑了起来："当然，我很喜欢吃鸡蛋饼，但我希望说到点子上了。这一理论体系和方法并不会让客户流失，而是关乎建立终生有效的关系。"他靠在了椅子上。"我知道这听起来很简单，但我们在商界却不常听到，对吗？大多计划都属于'打一枪换个地方'型的，找到了目标客户，然后离开急着寻找下一目标。想想看，许多大型公司拥有强大的营销方案，而这些营销方案都是提前几个月甚至提前一年策划的，但他们只关注何时结束销售。通常只有少数人会在售后继续维护与客户的关系，最终只能敞开大门让竞争对手抢占客户及客户的推荐。这样要花多少时间思考这种类型的人，这一过程对你的计划是否有利？完全没有。对吗？"

苏茜想起了她曾参加过的研讨会、网络直播和各种会议。所有内容都是关于市场和销售，甚至连客户的名字都不知道。问的问题永远都是'如何寻找新客户？'从来不关注如何建立并维护与客户间的关系。"是的，"她不得不同意海格伦德的说法，"我觉得您说得对。"

"有这样的想法闪现时，又会发生什么呢？"海格伦德说道，活动了下手腕，"客户第一，然后才是产品或服务！换个方式说：*我愿意帮助你是因为我和本尼的关系*。告诉我你的真心话，如果我们没有共同的朋友，你会来这儿吗？"

"不会，"她承认道，又抿了一小口咖啡，"应该不会。无意冒犯，请勿见怪。"

“我不介意。你来到这儿，也是因为你和本尼之间的关系，你才来与我共度这段时光。那么，如果本尼不看重与我们的关系，我们还会坐在这儿吗?”

“不，我们不会坐到一起。”她说道，“关系，真的很微妙，但是长期来看关系能起多大作用呢？确实令人难以置信。”

海格伦德笑了，好像之前就听过这样的话：“你现在所听到的、所经历的正是你职业和生活的基础。也是挖掘新客户和维持老客户的基础。苏茜，你将学到一套动态营销体系，这一体系是基于认识真实的自我、实施五条原则以及建立符合你性格和企业模式的客户群，以此获得更有价值的推荐。准备好了吗?”

苏茜轻轻地点了点头，仍显得有些冷淡。

“你会明白的，”他说道，“请稍等。”随后海格伦德将一个小笔记本推到苏茜的面前。“接下来的三天，你就用这个小笔记本记笔记。然后，这是你的行动计划、你所学到的知识以及还需了解的东西。”

苏茜放下手中的咖啡，无意将咖啡洒在了这个新笔记本上。

“天哪!”她倒吸了一口气，用纸巾疯狂地擦拭着笔记本。

海格伦德也帮忙擦拭，他们立马大笑起来。

“不好意思。”苏茜说道。

“你是在说笑吗？本尼的咖啡就是对你全新商业生涯的最好洗礼!”

“嘿，就放在那儿!”前门传来了一阵声音。海格伦德回头看了看并挥手招呼。

“哈，那是你马上就要认识的人。希拉·玛丽！近来可好?”

希拉·玛丽也挥手回应，立马又转身招呼和她一同前来的夫妇，并将他们引到那张她最喜欢的桌子边。

“苏茜，在接下来的三天，你会遇到五个完全不同的人，他们的情况曾和你一样，刚才那位很有个性的女士就是其中之一。”

苏茜环顾四周：“为什么？哦，我认识她，她和我一样也是这里的常客。”

“还有另外一个。”海格伦德指了指站在收银台准备买单离开的保罗。

苏茜有些诧异，说道：“啊，这些人都是常客，每次来都能看见他们。”

“想想看，这很奇怪吗？你认识本尼，他们也认识本尼。菲利普、萨拉和珍妮也认识本尼，他们三个也是你要见的人。我敢保证你会认识他们的。当然，他们都认识本尼。”

“我们所有人都认识许多其他人，而其他人则认识更多的人。不久前，他们的情况和你一样。”

“他们也像我一样？实在难以置信。他们看起来如此……成功。”

海格伦德稍有停顿，随后用老师的口吻说道：“你觉得你能像他们一样成功吗？”

“为什么我觉得这是个陷阱题呢？”

“还记得我问你的第一个问题吗？”

“记得。是否愿意在企业经营中做真实的自己？这个问题很有意思。”

海格伦德点点头：“这些年在指导这一理论体系和方法时，我发现了一个最基本却又至关重要的真理。你不能也不应该改变任何人。你可以改变他们部分行为习惯，弥补一两个缺陷，但这并不是长久之计。我能做的最有效的事就是帮助他人认识并接受自己独特的天赋。”

“我们每个人都是独一无二的，我们需要认清自己的天赋，更加坦然地接受这些天赋。”他说道，在继续讲话前停了下来以示强调。

“倘若我们不接受自身独一无二的特质，而只是一味地模仿他人，很可能会导致‘冒充者综合征’，这是多年前心理学家总结出来的术语。大致意思是，你会感觉自己拼命想成为他人，并仍然觉得自己辜负了他人的期望。”

“某种程度上来说，所有人都能体会那种感觉或认识有这种想法的人——就比如坐在那儿的希拉·玛丽。你知道是什么让她停滞不前吗？她就是我口中的‘关系—关系型’人士，但她却努力成为‘商业—商业型’人士，因为她认为要想获得成功就必须成为那种人。”

“关系—关系型？商业—商业型？”苏茜反问道。

海格伦德笑了笑，打开了苏茜的笔记本翻到第一页并从口袋里拿出一支笔。开始在空白四象限的方框里写着。左侧写着“你在商业关系中的自然倾向”，表格上方写的是“他人在商业关系中如何看待你”。他在左上的方框写下“关系—关系型”。（见图 2－1）

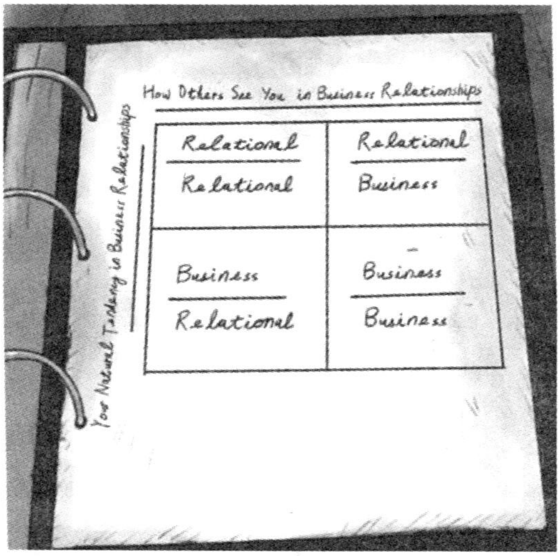

图 2－1

“这四种类型的人可以用两个词来概括，”他解释道，将笔记本转向苏茜以便她阅读，“第一个词代表的是他人在商业关系中如何看待你。第二个词则代表着你在商业关系中的自然倾向。像希拉·玛丽这类关系—关系型的人，其他人将其视为只考虑关系的人，即如何帮助别人和如何获得别人的接纳与喜爱。这类人几乎不会考虑其自身行为所产生的商业影响，即便他们有所考虑，他们也会立马以某种‘关系型’的方法来证明自己。所以第二个词必定还是‘关系’。”

随后他又在右上方的方框里写下“关系—商业型”。他再一次将笔记本转向苏茜，以便能让她在说话期间看到内容。“第二种类型的人在会见他人时，非常注重社交，首先真正感兴趣的是建立关系，若话题转到商业上时，也会提出有战略性的想法。”

他又在左下方写着“商业—关系型”。“注意这两者顺序。”他用笔分别指了两次第二个和第三个方框以示强调，“第三种类型的人和第二种类型的人完全相反。乍一看，第三种类型的人对社交的兴趣远不如商业谈判，但是一旦达成商业合作便能与对方建立深厚友谊。”

在最后一个空白方框里，他写的是“商业—商业型”。

“最后一类人是‘商业—商业型’，和‘关系—关系型’完全相反。在他们发现和那些一直公事公办的人打交道其实需要花费很多时间之前，这类人通常是不能理解我们靠关系办事的方式的——这是他们通常的做法。”

“难道商业成功的人就比别人强吗?”苏茜认真地问道。

“当然不是。这没有对错之分。这仅仅关乎我们是什么类型的人，为什么要坦然面对自己并做真正的自己，而不是模仿他人。”他继续说道，“不过，要注意的是，如果在做事过程中缺乏恒心，也做不到脚踏实地，那么所有类型的人都同样无所作为。”

海格伦德继续说道：“如果你也能分辨出你工作伙伴的性格特点，那你就能坦然面对，你也会知道如何恰当回应。我们都有改变自己行为模式的能力。通过一些练习，苏茜，你就能内化这一过程，下次遇到商业—商业型的人就不需要花太多时间和他混熟。和商业—商业型的人共事时，回答问题要直截了当，要快速分离问题，直接请求其购买产品并给出最终利益——因为这是这类人最喜欢的解决方式。如此实践多次后，你就能应付自如，你也会发现这么做能帮你开展更多业务。”

海格伦德笑了笑，又转过苏茜手中的笔记本正对自己，在性格分类方框下方写下：对客户的性格心中有数，提出问题，直截了当地回答问题。并又将笔记本转向苏茜。

“太神奇了。那我属于哪种类型？”

这一问题让海格伦德笑了起来：“对外人来说这很清楚，但是，我们要帮助你认清自己。事实上，在接下来的三天，你不仅要知道自己是哪种类型的人，还要学着如何接受自己的特点，并在所要做的每件事中做真实的自己。”

“所以，我要成为我自己，我也要与了解我、信任我的人协作吗？”

“是的。”

“这一方法之所以有效，就是因为一直将关系放在第一位吗？关系比最终盈利更加重要，但奇怪的是，它能实现盈利吗？”

“要借助你自己的力量，当然，你也会很快了解这一点。不过你已经明白我的意思了。”

苏茜将笔记本翻到第二页，看到了五个部分，每个部分下边都配有一张密码锁的图片和一行文字——“走向成功的综合技巧”。她翻阅着本子，又抬起了头。“别误会，海格伦德先生，这些看起来很简单。为什么不是所有人都这样做呢？”

“你应该知道‘只见树木，不见森林’这句老话吧？这句话就适用于此。大多数人每天都太关注自身的欲望，而不思考正确待人接物以及将他人利益放在自身利益之前所带来的回报。我的理论体系和方法奏效因为它是建立在基本真理上，是建立在黄金法则上的。你在孩提时候就学过的：己所不欲……”

苏茜露出了笑脸回答道：“勿施于人。”

“是的，苏茜，这看起来很简单。这和冰山类似，表面上看似简单，能看到的只是冰山一角，但当你看向海底，更大一部分的冰山隐藏在深海处。还记得我问你的第三个问题吗？”

苏茜快速回想：“我想想，问题是‘你是否愿意坚持到底？’”

“这就是能否获得回报的关键。我说的是实话，苏茜。我的理论体系和方法之所以有效是因为它是以普遍真理为基础的，应用这一真理时，能得到各种重要的结果。这就是为什么我在最后问你是否是个有恒心的人。”

“前面我说过，这几天你将学习一套动态营销体系，该体系包括认识真实的自我，实施五条原则，以及建立与你目标一致的客户群和伙伴并获得推荐。我就从这儿开始给你介绍使用这个体系并且乐意跟你分享的人。”海格伦德指了指笔记本，“来读读第一条原则吧，怎么样？”

漫画里的密码锁有一个箭头，指向了数字Ⅰ（见图2-2），苏茜大声读出其下方的文字：**“原则1：250×250法则。你认识谁很重要，但你的客户和同事认识谁更重要。”**

图2-2

她抬起头看着海格伦德。

海格伦德将身子往前倾了倾。“明天早上，你将见到希拉·玛丽，这是她要教你的东西。你也能学习到她是如何在工作中做真实的自己的。请继续往下读。”

苏茜翻了一页。这一页仍然是相同的密码锁图片，但刻度盘已经转到了数字Ⅱ并紧挨着指向箭头（见图2－3）。她念出了图片下面的话：**“原则2：建立数据库并按 ABC 归类。”**

图2－3

“保罗会告诉你的，”海格伦德说道，“我们会在明天午餐时间见到他，他会解释这一原则并告诉你识别完美客户的重要性。我们将此称为完美客户化身。”海格伦德再次指了指笔记本，“好的，现在看原则3。”

苏茜又翻了一页。仍然是相同的密码锁的图片，此时刻度盘已经转到了数字Ⅲ，并紧挨着指向箭头（见图2－4）。她读道：**“原则3：尽管告诉我。指导你的客户，说明你的工作方式，以及你如何通过不间断的、定期的实际行动带给他们价值。”**

图2－4

苏茜看起来有些困惑。

海格伦德也注意到了。“别担心。你很快就会明白的。菲利普会跟你解释这一原则，也会告诉你拒绝的力量。好的，来看第4条原则。第4条原则由萨拉给你讲解，她也是个了不起的人。”

苏茜又翻了一页。

密码锁的箭头现在已经指向了数字Ⅳ（见图2－5）。她读道：**“原则4：保持沟通、亲自沟通、系统化沟通。”**

图2－5

“萨拉的信心也曾动摇过。而你只需要等待，直到像她一样重获激情和信心就好。萨拉绝对是你见过的最甜美、最真实的人，也是最有活力的人。她会阐释建立关系和提高实际辨识能力的重要性。”

一开始就信息过量让苏茜皱起了眉头，这也证明苏茜在尽全力理解所有内容。海格伦德再一次往前倾了倾。“现在，请看最后一条原则，珍妮会向你解释的。我敢保证这条会改变你的人生。”

苏茜再一次翻动了笔记本。

密码锁的箭头已经指向了数字Ⅴ，且锁已经被打开（见图2－6）。不知为何，她自己也笑了起来。她读道：**“原则5：社会认同是任何情况下的销售力量。充分利用客户评价、案例研究和网络评论。”**

苏茜看到打开的密码锁再一次笑了，她说道：“嗯，我已经知道其中的寓意了。”

海格伦德向她歪了歪脑袋：“见完我的五位‘有原则的’朋友后，你会发现它比这个寓意所代表的含义要多得多。你会对很多事情豁然开朗——当然，你要记住其中的综合技巧。”

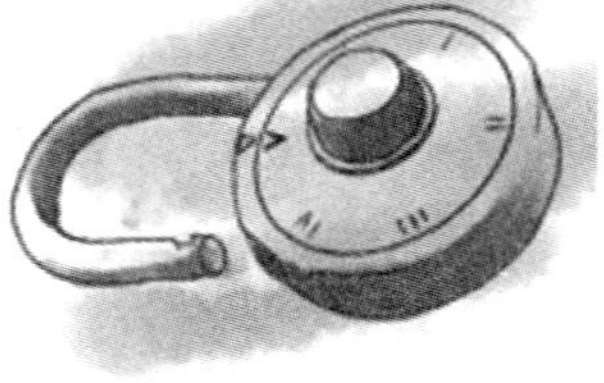

图 2－6

苏茜轻轻摇了摇头，有点不知所措，她合上了笔记本。“我能将这个笔记本留下吗？”

“当然可以。明天记得带上它，并带上一支你最喜欢的钢笔或铅笔，因为在和他们见面时，需要在每条原则下方记上一些重要笔记。”

说罢，海格伦德站了起来：“好的，我觉得你也累了，并且还有点茫然。不过，我希望你对明天是充满期待的。”

苏茜也站起身来。“是的，我很期待。”她坚定地说道，“谢谢您。”

海格伦德温暖会心的笑容让苏茜轻松了不少。“别着急谢我。你才刚启程出发呢。明天早上 8 点在这里与希拉·玛丽见面，事后我会与你碰面，好吗？”

“您明天不会在场？”苏茜突然又觉得有点手足无措。

“希拉·玛丽会好好关照你的。相信我。她属于关系—关系型。你很快就会明白那是什么意思。她是个幽默的人，她也非常期待明早与你见面并能帮助你。”海格伦德歪了歪脑袋，“知道为什么吗？因为这就是她的天性。这就是真实的她。”海格伦德挥挥手，此时他已经朝门口走去。他扭过头来说道：“你将度过美好的三天，苏茜。”随后便离开了。

至少这一切对苏茜来说，是她所期待的。她迅速打量四周。咖啡馆依旧是个让人感到舒服、有趣的地方，但是感觉却有点不同了。她伸手摸了摸她的笔记本。

“你不觉得他是个很棒的人吗?”她的身后传来声音。原来是本尼，本尼手里拿着几个咖啡杯走了过来，“希拉·玛丽也很不错。明早见哦。”

本尼怎么会知道呢?她茫然地摇了摇头，向本尼挥手告别后，便拿起笔记本走出了咖啡馆。她走到自己的车前时，又往四周看了看，希望还能再次见到“出色的”海格伦德先生。

苏茜高高地扬起了眉毛。她告诉自己：我觉得这是一个好兆头。她开始期待第二天早上的到来。她是真的很期待。

第 3 章

认识 × 寻找 250 × 250 位目标客户

第二天，苏茜早早地起床晨跑。上午8点整，她慢慢地走进咖啡馆，向四周望了望。希拉·玛丽身穿一条漂亮的淡蓝色亚麻布连衣裙，佩戴着一条颜色艳丽的花围巾，她依然坐在那张桌子旁，不过这次带的是另外一对夫妇——是一对身份高贵、满头白发的夫妻，他们已年过古稀。

苏茜有点迟疑，停在了橡木吧台边。

“早上好，苏茜。和平时一样吗?”本尼问道。

苏茜微笑着问好并点点头，眼光又投向了希拉·玛丽。

“是的，那就是她。”本尼说道。这让苏茜有点吃惊。

“你知道我的见面安排?”

“当然，”本尼回答道，将咖啡递给她并收好她所付的钱，“你会喜欢她的，不过她属于关系—关系型哦。”没等苏茜开口回应，本尼又去招呼另外一位顾客了。

苏茜静静地观察了希拉·玛丽一会儿，终于知道为什么她看起来如此面熟。她认出了希拉是因为希拉和大街小巷张贴的“待售”标志上的人物有五分相似。苏茜突然感觉有些紧张。

她自言自语道：“这可不行。”但实际上她却往门口的方向退了一步。随后她就引起了希拉·玛丽的注意，她瞬间觉得自己沉浸在散发着一千瓦光芒的微笑中，这是从咖啡馆不同方向传来的微笑。至少她觉得这微笑就是给她的。苏茜看了看自己的身后，并再看看左右两边，只是想确定一下自己的感觉。于是她的目光又缓缓回到了希拉·玛丽身上。没错，那位女士在对她微笑。

希拉·玛丽朝她招了招手，并伸出了一根手指示意“请等一下”，便起身将那对夫妻送至门口。他们从苏茜的身边经过时，苏茜禁不住偷听了他们最后的对话。

从苏茜听到的对话判断，这对家境富裕的夫妻出于个人原因，想搬迁到这里并重新开始自己的生活。希拉·玛丽一直在听。对，她一直在听。她听得非常认真，从她的表情看，她似乎是真的被她所听到的话感动了。她甚至还轻轻碰了碰老太太的胳膊。

“所以你觉得那套房子能满足我们女儿和外甥的特殊需求吗?”老太太问道。

希拉·玛丽的回答很有启发性。她并没有继续谈论房地产市场或房子销量很好。然而，她说的是：“如果不合适，我们可以再找下一套。让我的承包商朋友带去看看房子就知道了。”

两夫妻两眼相视，感觉如释重负。

希拉·玛丽用更为平和的声音补充道：“这句话我之前也说过，但我希望你们能相信我所说的话。对任何人来说，搬到一个新环境生活，人生地不熟，都是很艰难的，更不用说你们现在还面临危机。我的客户买房时，我觉得我对他们的新生活也得承担部分责任，所以，请不要犹豫把我当成你们寻求帮助的对象。还有，如果我能帮得上你们，不论是现在还是一年后，你们的外甥有任何困难，也请告诉我。我和我的助理靠这份工作谋生，说实话，更是因为我们乐于帮助他人。”

老爷子似乎非常开心：“乔治对你的看法是对的，希拉·玛丽。是不是这样的，玛吉?”

老太太如释重负地叹了一口气，而苏茜听起来更像是一种解脱。

希拉·玛丽好像沉浸在他们的感激中。“我们午饭后见面，怎么样?”夫妻说再见时，希拉·玛丽这么问道。

没等苏茜走动，希拉·玛丽轻快地转过身，向苏茜大步走来：“苏茜?你就是苏茜·麦坎伯，对吧？大卫·海格伦德对人的描述太精准了。”

“是的，我就是苏茜。”

“太好了，海格伦德已经告诉过我有关你的一切情况。他说未来你一定能成就大业。”

这些话不禁让苏茜感到有些振奋，尽管她对这种说法有所怀疑。“嗯，”她有点尴尬地说道，“他也一直这么鼓励我的。”

“请相信他所说的话。我觉得他说的话从来没有错过。来吧，我们去兜兜风。我得为那对夫妻再看另一套房子，以防他们收到了有关那套房子不好的消息。”

苏茜的咖啡杯刚刚放下，希拉·玛丽就带着苏茜走到她的车边，那是一辆白色的奔驰轿车，并配有一块很有个性的车牌，上面写着“Sheila Marie”（希拉·玛丽）。

豪车内部采用的是棕黄色的皮革装饰，苏茜舒适地坐在车里，说出了她的想法：“你知道，我多么羡慕你能掌控自己的命运，希拉·玛丽。你事业如此成功，生活如此舒适。”

“并非总是如此。”拐过街角时，希拉·玛丽看着苏茜，“在被朋友推荐给海格伦德之前，我并不能掌控所有事。事实上，我常常神经紧绷，自尊心太强，往往一点办法都没有。但是海格伦德对我说，‘希拉·玛丽，问题在于你是一个关系—关系型的人，却要说服全世界你是个商业—商业型的人。’我付出的努力之所以没有得到回报，是因为我一直努力成为他人。我不相信自己的能力，往往口是心非，还想努力变成他人的模样。你知道吗？”希拉·玛丽对苏茜露出了灿烂的笑容。苏茜也朝希拉·玛丽笑了笑。

“但是知道你自己是属于关系—关系型后，对你自己及你的业务有什么帮助呢？”

“嗯，这个问题问得好。于我而言，这让我确定我是一个热心帮助他人、非常重视交情的人，通常我会将他人的需求摆在我的企业需求或经济需求之前。不过，这总是让我认为自己不可能成为优秀的女企业家。相信我，我绝不会冒险地将‘计划’置于我和客户间的关系之上。商业—关系型的人，尤其商业—商业型的人似乎都只受利益驱使。但这不是我，问题在于不论我多么热爱我的工作，我都不会借此谋生。后来，我遇到了大卫·海格伦德。他给了我一些简单的指导，指导我找到符合我性格、生活的客户和伙伴——不到四个月，我的业务彻底发生了改变。是什么真正对我自己和工作起到了帮助呢？是找到其中的根本原因让我改变了我的世界！”

她们在路口处拐了个弯，开到了小镇上最豪华的住宅区。“不过，你真的觉得同样的理论体系和方法也对我以及我所从事的行业有用吗？我的意思是，你是一个房产经纪人，每笔销售都能获得大笔收入。我不确定同样的方法是否对我的工作有帮助。”

她们在一个停车标志处停了下来，希拉·玛丽看着苏茜说道：“我回答这个问题的方式是，我会提一些问题但你得自己去找答案，好吗？”

“好的。”

“人际关系在你的业务中重要吗？备受礼待的客户一生会购买多少你们的产品？一套理论体系和方法让你成为真正的自己，让你变得有激情却不过分激进，你感觉怎么样？你是否希望，自己因为关心客户或伙伴的幸福安康和成功而被熟知，而不是关心从他们身上获取多少利益？你是否希望每天早上醒来时就有一套有效的方法，且采用了商业上已知的最强大最经济的营销方法——推销术？"

苏茜笑了笑："这些问题都是反问句。"

希拉·玛丽歪着头看着过往的行人："某种程度上是这样的。但从另一个角度思考，也不完全这样。我要把最好的东西留到最后说。下面这些话是海格伦德希望我告诉你的。"

"你希望拥有一只训练有素、具有250人的销售团队吗？而且你不用亲自告诉他人或用社交媒体网站说明自己的事业是多么成功？"

苏茜差点笑出声来："谁不希望呢？"

"确实。"希拉·玛丽说道，她将车开到了她想看的住宅旁。

"在我的事业中，"她又继续说道，"人们总是提及他们的'影响圈'，并建议我建立自己的影响圈。在我遇到海格伦德之前，我觉得我也应该这么做。他说：'希拉·玛丽，你经常说'影响圈'这样的字眼，你知道这个词真正的含义吗？'当然，我不能给出答案，只知道我能学到一些有用的东西。后来，他简洁地解释了这个词的意思，'圈'指的是一个人可以控制的范围，而'影响'指的是能轻松改变某事或某人的能力。"

"他还问我：'希拉·玛丽，你能以某种友好的方式控制你所认识的人，并让他们给你推荐些业务吗？'我茫然的表情告诉他我做不到。后来我才知道如何建立并维护真正的影响圈。"希拉·玛丽又将头转向苏茜，"你以前听说过吗？"

苏茜从她的小背包里拿出了笔记本："海格伦德先生给了我这个笔记本。你指的是原则1吗？"

"是的。"希拉·玛丽说道，"原则1：250×250法则。你认识谁很重要，但你的客户和同事认识谁更重要（见图3－1）。但我喜欢这么说，不仅你认识谁很重要，你的客户和伙伴认识谁也很重要。比如说我，就像拥有 250×250 个潜在朋友。每天我都很期待自己能遇见谁。”

希拉·玛丽又大笑了起来：“哦，亲爱的，我热爱我的工作。事实上，我无法想象如果没有这份工作生活会是怎样。也很难想象两年前，我把钱浪费在不断寻求新客户上——包括直接发邮件和在商场或街上粘贴我的照片等一切方法。”

原则 1：250×250 法则。你认识谁很重要，但你的客户和同事认识谁更重要。

图 3－1

“我甚至还雇用了一名电话推销员。”希拉·玛丽继续说道，“你能相信吗？而我自己是很讨厌打推销电话的，但却努力驱使他人去做我讨厌的事情！说起来就很讽刺！事实上，我的代理人还问我是否会培养其他代理人！”她摇了摇头。“现在想想都觉得不可思议。更糟糕的是，我基本都这么做，是因为我有‘出色’的电销技能——让我看起来有点像专家——但回报甚微！”希拉·玛丽看着苏茜，苏茜也看着希拉·玛丽。她们突然大笑起来。这种感觉很好。

“哦，我的天！”希拉·玛丽说道，又擦了擦眼角笑出的眼泪，“这太疯狂了，对吧？”

“是的，”苏茜说道，并用手抚摸着车里柔软的皮质内饰，“不过，我开始觉得这是装模作样。”

“现在你已经明白了吧。你知不知道一项全国性调查，调查对象是那些刚通过房产经纪人购买了房子的人，问他们下次是否愿意再找同一个房产经纪人，大概有 80% 的人都说愿意。但在另一项调查中，询问购房者是否愿意去找同一个房产经纪人，只有 10% 的人回答愿意！”

“换个角度来思考。如果我只关注我认识的人，每次他们搬家时来做他们的生意——也就是那 80% 的人——那我每年能成交 50 桩交易。还不错哦，因为本地的房产经纪人的平均交易量每年不超过 12 套……那是我接受指导前的水平。如果我适当努努力和客户维持关系，我就能轻松搞定这些人的销售业务。苏茜，如果你能综合所有我可能拥有的推荐者，那就可以接受挑战了……”她叹了一口气，“嗯，这样说吧，现在我重点关注的是老客户以及我数据库中的 250 个人。”她看着苏茜。“有疑问吗？”

“有，如果不认识 250 个人怎么办？”

“我很开心你能问这样的问题，苏茜小姐。”希拉·玛丽以一名出色的营销论坛讲师的口吻说道。她又哈哈大笑起来：“你觉得自己认识多少人？”

“嗯，我不知道。认真数起来也许有 100 个。”

“你很快要进行这项工作。你会非常吃惊，因为你认识的人会比你想象的多。我回答这个问题时也感到很惊讶。海格伦德说我认识 250 个人。”

“我质疑这一结果时，他却坚信我认识 250 个人。他还引用了英国人类学家罗宾·邓巴的研究结果，邓巴研究了人类维护关系的能力并在 20 世纪 90 年代提出了‘邓巴数字’。海格伦德大致说明了我们都有能力去维护 250 段人际关系。”希拉·玛丽又一次大笑起来，“我觉得他是注意到了我眼神呆滞然后只好接着往下说。”

“一天下来，我不得不承认，他非常的平易近人。后来，他还告诉了我 250×250 法则——也就是如果我能关照到我认识的 250 个人，并按照他的理论体系和方法来做，再加上对他们个人感兴趣，我就能真正激励他们给我推荐他们认识的 250 个人。你的数学好吗？”

苏茜立马开始了心算：“希拉·玛丽，这不可能吧。这都超过 62500 个潜在客户了！”

“是这样的，苏茜，即使你和你的客户只认识 125 个人，那么 125×125，你都有 15000 个潜在客户了！根据你的运营模式，这一数字也会上下波动。你了解你们产品的价格，也知道客户多久跟你采购一次，但是关键点在于：你需要建立一个足够大的数据库，它能帮助你获得你所需的业务。要建一个大型的数据库就要开始运用这一方法，你将获得源源不断的推荐，同时能帮助你实现商业目标。”

“你不觉得这个想法很棒吗？如果他们需要找个房产经纪人，这 62500 个人就能想到我。为什么？因为我和他们的某个好友一直保持着联系或者有良好的业务关系。如果我能很好地对待最初的 250 个人，如果我能证明自己值得信任、做事专业，让他们推荐我，事实上，很多人都愿意这么做。那是最基本的人性。”

“好吧，希拉·玛丽，不过我确实不认识 250 个人。”

“不，你一定认识那么多人的。”

“我真的不认识。”

苏茜在说话的时候希拉·玛丽又咯咯地笑：“哦，亲爱的，你能行的，别让我失望哦，要不然我会告诉海格伦德你所说的话，你就得上一堂人类学的课了。”希拉·玛丽停了下来以示强调，面无表情地看着苏茜，两人又大笑起来。

希拉·玛丽继续说道：“但说认真的，如果你不认识 250 个人，你也很快会有的。接下来正是我想说的，你知道吗？我将电子邮件和社交媒体数据库结合起来，并采取了海格伦德的其他建议，已经列出了150多个人了。也许我并没有以常用的方式和他们保持联系，但是我都认识他们。随后，海格伦德教我如何快速轻松地补充更多人脉，并提出了‘神奇的问题’——我觉得你很快就会知道这些‘神奇的问题’了。我也不会觉得自己是在执意强求他人了。我在学习并运用原则4和原则5后，他们都收到了我的来信——定期且从不间断。然后，一切都开始发生了改变。”

苏茜点点头：“你已经真正领会了他的意思了。”

“现在我可能是领会了。但在我遇到海格伦德之前我并不明白。”

“不过，希拉·玛丽，我仍然觉得这一切听起来太美好也太简单了。为什么大家都不能根据你所提到的基本人性，并依靠他人推荐和维护人际关系生活呢？”

希拉·玛丽打开了车门：“和我一起进去，我们接着说。”

希拉·玛丽将苏茜带到一套空房子里，用内行的眼光审视着这个地方，她说道：“我也有个很好的类比。你锻炼身体吗？”

“是的。”

“你觉得锻炼身体简单吗？容易坚持吗？”

苏茜看着希拉·玛丽，有点不知所措：“嗯，不完全如此。如果我没有参加每周三次的单车课，我觉得我也不能坚持。但是，我坚持下来了。”

“这是你的日常规划，你也相信这么做能让你保持健康和苗条，对吗？”

“对。”

“如果这很简单，那为什么在我们国家，多数人都有超重的问题呢？”

“你的意思是他们没有一套固定的习惯？”

“或者他们只是一时兴起来锻炼，或者像他们所说的，坚持不下去了。”

“我知道其中有原因。”苏茜叹了口气说道。希拉·玛丽四处检查时，苏茜倚靠在卧室的门边。

“这套房子很不错。”希拉·玛丽说道。

检查完房子后，希拉·玛丽朝前门做了一个“嘘”的动作，这逗乐了苏茜。苏茜喜欢这个个性鲜明的女人。想要不喜欢她都难。

“我有一个疑问，同时也需要忏悔。”苏茜向这位新朋友吐露着心声。“在过去的五年里，我没有给任何人送过节日贺卡，我该如何像对待好朋友一样去对待那些以前认识的人呢?”

希拉·玛丽突然大笑了起来：“很好。现在你已经上路了。要想运用该方法，我们就要经历同样的过程。你用‘忏悔’这个词用对了。接下来就是你要做的——你可以通过一封简短的信向所有你认识但没有好好保持联系的人认错，不过从现在开始做，你会做到的。这很简单。菲利普会给你信件的模板，在开始影响我‘影响圈’内的人之前，我曾将它邮寄给他们。

“你见到珍妮后，她会告诉你如何使用科技手段，不仅能重新联系上那些从未交流过的客户，同时还能从他们那里得到客户评价!”

“太不可思议了！这下我就放心了，”苏茜说道，“我们开始谈话时，我就一直有种负罪感。我妈妈真是做了一件伟大的事!”再一次，两人几乎同时看着对方开怀大笑起来。

一走出房间，希拉·玛丽就停了下来，她张开双臂享受着温暖的阳光：“美好的一天，不是吗?”

苏茜向四周看了看。是的，确实很美好。在此之前，她都没有注意到。

等她回头时，发现希拉·玛丽已经加快脚步向她的车走去。苏茜只好匆忙赶上。

希拉·玛丽打开车门时，她穿过车顶对着那边的苏茜笑了笑说道："亲爱的，我再告诉你一个快速将新朋友添加到数据库中的方法。在我们房地产行业有个词叫作'农场'，大体上，指的是附近居民和房地产商之间没有个人联系。所以房地产商会投入大量资金向所有居民直接寄信希望能够得到回应，以此建立'品牌意识'。虽然投入了大量资金，得到的回报却很少。"

"嗯，"她继续说道，"海格伦德还让我尝试建立'关系场'。事实证明这个想法简单易行、与众不同且效果非常不错。他让我在10周的时间里，每周向相同的街坊四邻打50个电话，要讲的话如下：'嗨，我是希拉·玛丽，最近这段时间一直给您发送了相关房产信息，能占用您一点时间吗？'如果我的请求得到了允许，我会接着问一个比较简单且相对专业的问题：'如果有任何朋友或亲戚有兴趣购买或出售房产，您有没有向他们推荐不错的房产经纪人呢？'"

希拉·玛丽继续说道："如果他们回答是'有'，我会感谢他们能腾出时间，并确认他们提到的那个人确实能做得很好，然后将他们从我的列表里删除，这样能进一步节省部分营销开支，然后我再继续联系其他人。如果他们的回答是'没有'，我会问他们是否介意我继续和他们保持联系。这就是'许可营销'。现在我已经得到了客户的允许，并能与他们建立个人关系。在不到10周的时间里，因为我亲自沟通，节省了大笔开支，也获得了成功。苏茜，没多久我就建立了自己的关系网，也成了峭壁别墅区所有房产经纪人中的第一名。"

"对于目前的潜在客户名单，你也能采用同样的方法。你只要恰当地插入一些和你业务相关的得体的话，然后不断增加能允许你再次打电话的客户数量！有句话是这么说的，如果你在周一早上不知道给谁打电话介绍你的相关业务，那你就暂时歇业直到你知道给谁打电话为止。"

“太棒了!”

“苏茜，海格伦德有没有问过你三个问题?”

“让我想想。我是否愿意在企业经营中做真实的自我？我是否相信我的产品？我是否能坚持到底？是这三个吗?”

“就是这三个。最后一个问题才是真正能让你改变的，这就像你的健身课程。你现在很享受你的健身课，对吗？如果你不去健身，也会想念的吧。”

“没错。”

“你会做得很好的。我们平时都很忙。我们也没有时间停下脚步，并一一实践我们相信的基本真理。你所能做的就是了解自己，了解人际关系的终生价值。而不是像我一样眼光停留在钱上——哦，我都在说什么——尽管放心地去帮助人们获得他们想要的东西。有付出才会有收获——其中会有很多乐趣，更不用说获得满足感了。”

她们开车返回咖啡馆时，希拉·玛丽问道：“你觉得怎么样？苏茜小姐。你将原则1理解透彻了吗？是否能接着学习原则2?”

“我理解了。我这只灰暗的小灯泡也开始发光了。”

希拉·玛丽碰了碰苏茜的胳膊：“你看，亲爱的，你只要相信海格伦德今明两天告诉你的简单方法，并适当转变自己的想法，你灰暗的小灯泡就会变成明亮的灯塔，并改变你的人生。他的方法也改变了我。给我一张你的名片，我会和你保持联系，并看看你的进展如何，好吗?”

她们停在了咖啡馆门口。苏茜打开车门下了车，递给希拉·玛丽一张企业名片，希拉·玛丽也递给了苏茜一张名片。希拉·玛丽启动车子前说道：“留着这张名片哦，如果有其他事情我可以帮得上忙，尽管告诉我，包括找房子。记住！不只是你认识谁很重要，你的客户和伙伴认识谁更重要！保持联系哦!”

希拉·玛丽满脸笑容，热情地挥挥手便驾车离去。

“苏茜!”

苏茜回过头，发现海格伦德向他走来，与他一同前来的还有另外一个男人，这个男人是之前在咖啡馆海格伦德提过的。

“苏茜，早上过得怎么样?”海格伦德问道。

“很不错，”她如实地回答道，“希拉·玛丽确实是一个能照亮整个房间的人。”

海格伦德笑了起来：“那就是真正的她！她能让你很好地理解原则1吗?”

“250×250法则。‘你认识谁很重要，你的客户和伙伴认识谁更重要。’对吧?”

“是的。我想让你认识认识保罗·金斯顿，苏茜。保罗，这位年轻的女士就是我刚才跟你提到的苏茜·麦坎伯。她的朋友都叫她苏茜。”

保罗个子不高，长相平平，长着稀疏的黄头发，性格友善，他不是那种第一次见面就能让别人记住的类型。但他确实容易被人低估。苏茜就低估了他。

“您好。”苏茜说道。

“很高兴见到你。”保罗回应道，并用双手握住了苏茜已经伸出的手，苏茜再一次看着保罗。

“保罗想邀请我们一起共进午餐。你方便吗?”

“方便，当然方便。”苏茜回答道。

“好的。现在离预定时间还有30分钟，正好你可以先完成第一件任务。我和保罗还有一些事要处理。你今天带了钢笔或铅笔吗?”

苏茜拍了拍她的背包：“带了呢。”

“笔记本呢?”

“笔记本也带了。”

海格伦德的手里拿着手机："我刚往你邮箱发了一个音频文件，大部分是我最喜欢的古典音乐。你可以坐到海港边，戴上耳机仔细听，并按照里面所说的去做，中午我们回来接你。我们的午餐在那边的卡普里餐馆解决。"他指了指几个街区外的海滨，"怎么样？"

苏茜一点开手机上的邮箱就收到了音频链接，此时海格伦德和保罗已经离开了。她漫步到长凳边，俯瞰着石崖、帆船和美丽的加州海岸线，她太喜欢这一切了。

令她惊讶的是，她才意识到她有很久都没有让自己放松下来享受这美景了。吹着咸咸的海风，倾听着海鸥声，她取出了笔记本和铅笔，然后戴上耳机开始听音乐。苏茜听到的背景音乐是莫扎特创作的轻音乐。

苏茜，在接下来的几分钟里，我希望你能迈出第一步，让这套理论体系和方法为你所用。在你笔记本原则 1 下方的空白处或后面几页，写上数字 1 至 250。

这个任务是为了让你明白并相信你有多少新旧关系，我希望你能列出你所有认识的人，这些人可能是需要你的产品的潜在对象，他们也可能认识其他潜在客户。请在回忆的小径里漫步——可以想想学生时代的同学、教堂里的伙伴、家庭成员或是平时遇到的人，例如在杂货店或干洗店碰到的人们。或者是你常常见到的熟人，比如便利店的经理或你的机修工。我觉得你能很自信地列出 75 个人，其余的人可能需要从遗忘名单中找回来或需要重新取得联系。我还给你提供了一份典型联系人的记忆唤起指南——人际关系能帮你着手解决这一问题。

我还希望，你能接受这样一个事实：你在关注他人时，要关注他人所做的事，而不是将自己的需求摆在前面，这样你就能轻松地将新名单添加到列表中了。你要将关注自己的需求转为关注他人的需求，并学会在得到回报之前如何付出。而且，你还需要问他们以下几个神奇的问题。我知道你很关心该如何获得250个人，当然这有很多办法。但是最好的办法就是通过以下几个简单的问题来了解他们。下次你碰到任何新客户时，你可以简单介绍自己之后，再问他们以下几个问题：

1. 您是做什么工作的？

2. 在您的工作中，您最喜欢哪点？

3. 如果您能重新开始，并且已经掌握了您现在所知道的东西，您觉得您的生活是怎样的？

第四个问题是用于询问那些自己经营企业或从事产品和服务销售的人：

4. 影响您企业进一步发展的最大障碍是什么？

把关系放在第一位的第一步就是关注他人而不是关注自己。同样要记住，大多数人喜欢谈论自己，这点很重要。一旦你理解了这一概念，在遇到他人时能引出这几个问题而不谈论自己，那么你很快就能写满250个人。我敢保证你会得到一些精彩的回复，并能迅速与他们联系，也能交到更多的朋友。在遇到新客户新项目时，你会发现生活多了许多乐趣，少了一些压力。因为你有自己的一套方法，你再也不用参加其他的社交活动、商业聚会或鸡尾酒会了，你也不用再面对被视为是个“执意强求的销售员”的压力了。

你主要的目标客户，要管理或拥有他们自己的企业。你在下次交谊会上，与其他企业老板或专业人士进行愉快的交谈后，如果确定他是你很想合作的人，只需告诉他：“我觉得我们能在企业经营中互相帮助。交换个名片吧。能认识您我很开心。为什么不保持联系呢，还可以一起探讨如何互帮互助，您觉得怎么样？”然后你们交换名片，并在第二天给这位新联系人发个短信，他一定会对你感兴趣的，因为你关注的是他本人而不是产品销售，于是就会开始与你沟通。这叫作“许可营销”，这是个愉快的过程，也给了你建立人脉关系的机会。在适当的时候，就会有人乐意听你说的话。想想看，这对你的企业意味着什么，采用这一理论体系和方法的基础是你首先关注他人的需求，其次再谈论自己的需求——不用再冷不丁地打推销电话了！

最后一点，苏茜，不论你是否搜集到250个人，都不要执拗于此，也不要担心太多。这套理论体系和方法是建立在你与他人的个人关系和业务关系上的。我指导过的很多人都获得了巨大成功，而他们也只有少量的数据。所以，首先你要将电子邮件和社交媒体数据库结合起来，并打印出来。接着就是按照笔记本中的方法来做。

尽情享受音乐，然后开始行动吧！

苏茜打开了平板电脑，盯着邮箱列表里的联系人和笔记本中的数字发呆，她在想自己本可以通过询问四个“神奇的问题”获得沟通的权利，为什么要花那么多时间打推销电话反而还遭到拒绝。随后她立马开始创建自己的数据库，先写上了自己认识的联系人：她的姐妹，牧师，先前工作认识的朋友，她的老师以及她的医生、牙医和保险销售代理人。她又将咖啡馆老板本尼的名字记了下来，又写下了发型师简、美甲店老板艾米、她常去的午餐店的经理乔尼。她还添加了所有她的供应商、新老客户以及可能会对她的产品感兴趣的基督教徒。每次她想到一个名字，就会发现找到旧关系的新线索。她提醒自己，他们不必是最好的朋友，海格伦德只是说他们必须知道我的名字。

她进展得很顺利。她在想，我的天啊，看看我认识的这些人。她开始更快地敲击键盘，也在笔记本上记下了越来越多的内容——在海格伦德回来之前，她迫不及待地想知道自己能列出多少名字。

第4章

分类

×

把你的朋友圈分成 A、B、C

苏茜感觉到有人拍她肩膀时，她列出的名单已经超过75个了。她简直不敢相信。海格伦德一定是又看出了她的心思。

“我说了吧。”他说道。

她摘下耳机，站了起来：“不可思议。”

“稍作努力，你很容易就能列出250个人。”

“准备好享用午餐了吗？”保罗问道。

“我都饿坏了。”

前往餐馆的路上，苏茜问道：“你是做什么工作的，保罗？”

保罗看了海格伦德一眼，又笑了笑回答道：“我从事适合自己的行业，所以我能帮助别人获得他们想要的东西——也能帮助他们实现想要实现的目标。海格伦德先生说我属于关系—商业型。我在一家大型汽车经销店工作，主要售卖和保养我所认为的世界上最好的汽车，通过这家公司，我收到了成千上万个顾客对我及我们销售团队的肯定。”

“保罗在兰彻贝尼西卡的豪华汽车工业园做汽车销售。”海格伦德补充道。

“确实如此，我很喜欢这份工作。”

整段对话让苏茜有些吃惊。她突然觉得眼前这个男人似乎并没有那么矮，也并非相貌平平。这个男人身上流露出来的自信不得不让她反思先前对他的看法。她只希望在演讲和销售展示中能表现得如此自信，她听到自己脱口而出的声音：“你何来的自信？这太有感染力了。”

保罗笑了起来，亲热地将手搭在了海格伦德的肩膀上：“我徘徊在人生的十字路口时——或者像海格伦德常说的‘在壁炉上’——通过一个朋友我认识了海格伦德，他花时间指导我帮助我，之前从来没有人这样帮助过我。他是第一个告诉我不要去模仿他人的人，只要我相信我的天赋并运用于实践，一如既往地坚持下去，那些与生俱来的独一无二的天赋足以帮我走向成功。”

“我和你一样，花了几天时间学习了海格伦德的理论，”他继续说道，“他开阔了我的眼界，也让我知道了一种更好更简单的做事方法。我最初学的是，不要将个人业务和个人需求摆在人脉关系之前，因为我这么做了，他们就会看清我的意图。他们看到我是冲着钱来的，自然会排斥我。”他补充道，“而且，我还学会了如何在客户或销售团队面前做真实的自我，一个个子不高、长相普通的关系—商业型小伙子却是一个真实不做作的人，且在销售和管理方面极为成功。”

“是的，”海格伦德笑了笑说道，“确实如此。”

“我感到很骄傲。这一切都发生在我身上，苏茜，我按照海格伦德先生的方法去做，我也相信这一方法能获得我想要的结果。我是‘站在制高点（high ground）经商’。”保罗说道，边走边对着海格伦德点了点头。“我们中的少部分人用这个短语是为了向你致敬，大卫。制高点就是战略上我们想占据的商业位置，更重要的是，它和‘大道’（high road）是同一个意思。你知道的，要一直努力做正确的事。”

海格伦德笑了笑：“谢谢你，保罗。我很感激。”

他们到达了餐馆门口，保罗殷勤地上前为他们开门。

他们最后坐在一个高层半雅座的位置，正好能看到海湾和悬崖的全景，也可以看到海平面上的货船正冒着蒸汽出海远行。

苏茜看了一会儿，然后又看着神秘的海格伦德，终于问出了一天下来想问的问题："海格伦德先生，我问了希拉·玛丽什么是'关系—关系型'，她告诉我这是改变她人生的根本条件之一。我很想知道我属于什么类型。"

海格伦德肯定地点点头，又转头看了一会儿远处的货船，随后他说道："首先，苏茜，叫我大卫就行。其次，我想让你知道，在我记忆中我一直在帮助他人，但最后我得出结论，试图将人们改变成他人的模样都是徒劳无益的。既然上帝赋予了所有人独特的才能，我应该做的就是了解他们，并帮助他们做真实的自己。有人说，人可以分为 3 种——第一，我们本身的样子；第二，他人眼中的我们；第三，我们希望成为的样子。通过花时间分析自己并询问我们所信任的人，我们就能确定自己到底是什么样的人，也能知道别人如何看待我们。除此之外，还要愿意去改变一些习惯，那么我们就能成为真正的自己。我们以真实的样子穿梭在时空中时，他人也会被我们的真实吸引。"

保罗立马从菜单上抬起头："我们不能只关注是什么性格类型，我们要努力去'实践'。嗯，看看这款例汤——波士顿蛤蜊浓汤。我想我就吃它了。"

"虽然，你们都在讨论将来会获得什么，但我想说说我最大的困惑是什么。"保罗继续说着，"有趣的是，我最大的困惑是，我是一个关系型的人。我见过很多人，但我并非总是把时间花在对的人身上——直到我占据了'制高点'，并开始用这一理论体系和方法来建立数据库并按 ABC 归类，了解谁才是我的完美客户化身，然后以合适的方式制定战略性的计划，我就不必再重复做一些工作了。”

“按 ABC 归类？完美客户化身？我理解该原则中按 ABC 归类的意思，海格伦德之前也提到了完美客户化身。但我仍然有些困惑。”

“别担心。我们吃完饭后，会跟你详细解释这些术语的意思。来吧，开吃吧！”保罗说道。

三人吃完午餐，只有保罗点了一杯咖啡。“在我们开始之前，我希望你知道最重要的事情就是，”保罗向苏茜解释道，“因为是海格伦德将你推荐给我，我完全听从你的安排。”

“那么，我就让你们单独聊聊吧，”海格伦德说道，又站起身来，“我会回来的。”

“什么时候？”苏茜问道，她并不希望新课开始后，海格伦德一直不在场。

“哦，我知道何时回来。”他礼貌地笑了笑，又轻轻地点点头。随后便离开了。

“他是一个不错的人，不是吗？”保罗说道，“好了，他让我给你解释原则 2，帮你发现自身的长处，最后分析你的完美客户化身的特质，我将按照这个步骤来。首先，我要帮助你道出内心真实的声音，并告诉你如何只与你想打交道的人谈业务，以及如何按照自己的方式办事！听起来怎么样？”

苏茜笑了。这个男人很温暖，在谈到具体细节时却极具商业特质。苏茜很喜欢这种感觉。“你属于关系—商业型。我在想我是否也是这样的人。”苏茜说道。

保罗也笑了起来：“苏茜，从我见到你的那刻时，你就表现得很专业，很有商业气质。根据我的第一印象，关于别人在业务关系中如何看待你的第一个词就是‘商业’。”

苏茜低下头，有点脸红：“你真的这么认为吗？保罗。我的意思是这么做是我最舒适的状态，我也希望我能有这样的状态。我只希望不要被视为我是在模仿他人。”

咖啡送上来了，保罗抿了一小口：“当然。海格伦德、希拉·玛丽和本尼也是这么认为的。”

“我能理解你的感受。最初我知道自己属于‘关系—商业型’时，有趣的是，虽然我有商业特质，但我并不总是采用商业的方式。并不是因为我不知道如何做，我只是没有找到一个合适的方法。”

“但我觉得你是个很有商业气质的人。”

保罗向她点点头：“嗯，谢谢你。但我必须有所侧重，让我给你讲讲。总体上说，我们很难再想起三年前向我们租过车的客户，并在业务结束后要重新开始也是不容易的。在我们汽车行业，销售过程中销售人员就像是你新交的好朋友，但之后，就很难再维持这段关系。这就是为什么只有少数汽车行业的人才能获得更好的推荐。除非你有一套有效的理论体系和方法，才不至于出现这种情况。”

苏茜又问道：“那我的第二个词是什么——商业关系中的自然倾向吗？”

保罗露出一丝微笑，说道：“苏茜，你很关心他人，也很在乎与本尼、海格伦德和希拉·玛丽间的交情。而现在我所指的只有一个词，那就是‘关系’。”

苏茜一反常态，她稍稍提高了嗓音，握紧拳头说道：“是的，我也想过这个问题。我确实很在乎！我也很喜欢这么做！”

保罗又笑了起来：“好的，苏茜小姐，你属于‘商业—关系型’，你准备好学习原则 2 和完美客户化身了吗？”

“我看看。”苏茜翻动着笔记本，“这就是，‘建立数据库并按 ABC 归类'（见图4－1）。”她注意到一张图片，其标题是“你的完美客户化身”。她说道，“我准备好了，接下来你要告诉我这些内容的含义，然后再分析我的理想客户的特质吗？”

“没错。这两点我都会谈及。首先，我将告诉你如何与整个数据库的人交流，以及这么做之后所获得的结果！准备好笔记本了吗？请翻到你的250×250列表。我们来看看你该怎么做。”

苏茜翻到相应的页面，并将笔记本推到保罗面前。

保罗浏览了一下：“看起来不错。希拉·玛丽已经让你知道了数据库的力量——这个列表就是个数据库。我想与你分享的是，如何投入时间让数据库发挥正确作用。我们最需要珍惜的就是时间和人脉关系。要更好地利用时间，就要将数据库归类，就像海格伦德教我的方法那样。”

原则2：建立数据库并按ABC归类

图4－1

“将数据归类。”苏茜重复道。

“是的，将数据归类。海格伦德还建议我找一个全职助理帮助我做后续工作。刚开始觉得这是一项艰巨的任务。但是你学习了原则4后，并知道找一名虚拟助理是件很简单的事，你就会明白这种方法是多么适合你。虽然现在听起来有点不可思议。”

苏茜皱起了眉头。

“嗯，我想想看是否能把这一原则形象化。”保罗思考了一分钟，“有没有人完全是你的铁杆‘啦啦队员’？也就是那些能站出来为你美言几句的人，对你的产品和服务很满意恨不得立马将你推荐给他人的人？这些人曾将你推荐给他人，或当你叫他们这么做时，他们也毫不犹豫地将你推荐出去？”

苏茜又兴奋了起来：“当然有了，我想到了好几个人，他们曾多次将我介绍给别人。”

“太棒了，”保罗说道，面露笑容，“那些人是你的A类人，是你的力量基础，你的A类人是最有可能推荐你的人。他们是你的支持者、拥护者和忠实的粉丝。你也会发现，在你认识的人当中，A类人大约占10%～12%。他们是最容易识别的，因为他们在你的名单中最突出，就像你的老朋友。”

“那么谁是你的B类人呢？”

“这句话应该由我来说。”苏茜说道。

“哦，是的，不好意思。”保罗笑道。

“嗯，你的B类人指的是，那些你觉得能支持你事业，以及如果你告诉他们你的工作方式，愿意将你推荐给他人的人。办法就是更多地了解他们，积极主动地建立良好关系。如果你能一直和他们保持不错的联系并按照一定方法来做，很多B类人能转换成A类人。关注B类人，就是为了将他们转换成A类人。这一类人会有点难于识别。你会发现，B类人约占你所认识的人的5%～20%。”

“那C类人呢？”

“C类人是你不太确定但仍然希望保持沟通的人。也许你们刚刚见过面，或只是做了简单的自我介绍，但因为你们交换过名片，你就有了交流沟通的权利。你甚至不能确定他们是否会支持你的事业或推荐你，即便有过适当的沟通与指导后你也不能确定，但你还是希望他们会支持你或推荐你。”

“最后一类人和第一类人几乎是同样重要的。事实上，这类人能让你在一定程度上控制你的业务。就是D类人。D类与‘删除’和‘拖延’是同义。这类人是你明确不想合作的人。”

“你在开玩笑吧。我必须做出选择？”

保罗苦笑着说：“有句古话是这么说的，不仅与我们有业务往来的人能衡量我们的能力，与我们没有业务往来的人也能衡量我们的能力。所以，这是谢绝名单，也是不愿与之合作的名单。”

“哇。”

“多好的想法，不是吗？你能说出‘不’吗？”

“不错的想法？听起来简直不可思议。”苏茜大为惊叹，“你是怎么做到的？你都说了些什么？你多久会说一次？他们又是怎么回答的呢？”

“慢慢来。”保罗又大笑起来，“到时候都会知道这些问题的。这是一个循序渐进的过程。而且，海格伦德已经列出了所有这些问题，并且能让它们更容易实施。”

“真的吗？”

“真的。这就是今天我们坐在这里的原因。他将最好的东西留到了最后。”保罗打开了他的公文包，“现在，我要给你看一样东西。我把我数据库的打印版带来了，已经分成了A、B、C三类。”他从公文包里拿出了一本装订好的打印册，并递给了苏茜。“苏茜，你看，其实过程很简单。就是将C类人变成B类人，B类人变成A类人的过程。”

苏茜研究了一会儿，说道：“哇，保罗。你的A类人比我想象的少多了。”

“那都是经过选择的，苏茜。我们所拥有的最珍贵的东西就是时间，或者是我常说的人际网。每个月，我会亲自通过写信或其他办法与我的A类人交流。我也很关心有哪些人变成了我的A类人。他们肯定已经具备了支持我的事业、将我推荐给他人的能力，并能成为我的强大拥护者。我会投入大部分时间和营销资金在这些人身上。我还将另一群人归为 A 类，他们都是企业老板、专业人士和商业供应商。因为我赚钱时他们也能赚钱。”

“你赚钱时他们也能赚钱?”苏茜打断了他。

“没错，苏茜。在你的商业过程中，这些人和你有紧密联系。对我来说，他们是我的当地供应商、保险销售人员、那些路上开着车的车主等等。这些人也是我推荐团队中的一员。我知道海格伦德已经安排你明天与菲利普见面。他会跟你详细解释这点的。”

“好的,”苏茜说道，“但是你采用哪种数据库呢？我该用哪种呢？我听过各种关于 CRM 软件的宣传——我想 CRM 代表的是‘客户关系管理’，对吗？我应该将它添加到电子邮件中吗？目前所有的社交媒体平台分别怎么样呢?”

保罗举起一只手笑着说：“哇，丫头。像我说的，到时候都会提及的。我想让你知道现在有很多很好的软件程序可以利用。大公司用的是大型 CRM 软件，小公司则使用更小的应用程序用作在线联系管理器。你要上网做一番搜索，并选择一个你最喜欢的平台。关键是要选择一个并使用它。唯一的前提条件就是，你必须要有能力为你的 A、B、C 类人建立自定义域。萨拉·辛普森会分享更多关于 CRM 和关系管理应用程序的内容。”

保罗放下了他的公文包：“在我使用海格伦德的理论体系和方法前，我是让生意来找我，而不是按照积极主动、建立关系的方法拓展业务。现在，实际上我给我们整个汽车销售团队的新晋销售和客户服务人员培训，培训的内容就是如何运用这套理论体系和方法。我通过帮助他人克服业务中的最大障碍，并满足他们的最大心愿——发现有资质的、被推荐的新客户，从而开展长期商业合作。我不再和人谈论‘广撒网式的营销’了。”

苏茜摇了摇头：“我很讨厌这种营销模式。”

“我也是。我指的是，要找机会和那些买得起我们产品的潜在客户打交道，而且这些客户能强烈推荐他们的朋友和熟人——并且能定期这么做。就像海格伦德将你推荐给我。他对我给予了高度评价，不是吗?”

“当然是的，”苏茜坚定地说。

“在见到你之前，我就已经受到高度评价了，不是吗?”保罗问道。

“嗯，是这样的。他总是对你赞不绝口。”

“那确实是很高的褒奖，我必须确保采用很棒的方法完成我的工作以免让大家失望。这就是这一方法的全部。我们真正回想过去时，大部分重要的商业关系和个人关系难道不是来源于他人推荐吗？难道是中间人帮你建立关系而不必你亲自为之?”

“当然不是，”她再一次坚定地说道，“人们并不会相信你口中的自己，而会相信他人口中的你。”

保罗大笑了起来：“我的天，苏茜，你的口气太像海格伦德了！你说得对！有一个合适的方法能让你每天坚持去维护关系，不是很有意义吗?这就是将你的数据归类所带来的好处。它能让你积极对待你目前所认识的人以及将来会遇到的人。现在，你就要将所有朋友及商业伙伴间的关系当作终身保持的关系来看待。当你向你遇到的所有人推荐业务，而不是只向有意义的人推荐业务时，你再也不会觉得自己是在强迫他们了。”

“现在，我们来谈谈完美客户化身吧。”

苏茜疑惑地笑了笑：“我第一次听到这个术语时，感觉像网上会用到的图标。”

保罗也微笑回应：“并不是这样，这一概念更广。它能对你的商业结果产生重大影响。‘化身’的简单定义是某个人或某种想法的体现。我们的目的就是，结合所有你服务过的最佳客户或你的理想客户的最佳特质。”

“完美客户化身是由最佳客户的特质组成。要想让别人具体知道该向你推荐哪种人，首先你应该让他们知道你想要找的人的特点。明白吗，苏茜？”

“明白。”

保罗继续说道：“对我来说，我希望我的完美客户化身是事业有成或年收入六位数以上的人，最好年龄在35岁以上，且有能力购买高档轿车的人（见图4－2）。”

图4－2

“明白你的完美客户化身的特质后，你就可以更好地让他人知道该向你推荐哪种类型的人。重要的是，这样还能更好地提升你的营销能力，因为在你制定营销文案时，你都能将完美客户的特质熟记于心。列出完美客户化身的特质是件简单的事。只要想出两到三个最佳客户，分析他们的特点并将其列出来，就像我所做的那样。”

“苏茜，关键在于，你的完美客户化身是你的基本目标，需要你投入大量的精力。你也会有第二、第三营销目标，但你应该经常关注你的完美客户化身。在撰写营销文案或选择合适的餐馆举行感恩客户晚宴时，你应该记住完美客户的喜好。在销售展示中引用案例时，要经常选择最贴近完美客户化身的例子。你已经掌握了要点。接下来就是如何引导数据库中的人，让他们凭直觉为你推荐有兴趣见面的客户。”

“哇！”苏茜脱口而出，“太简单了，确实能将注意力集中在我需要接触的人身上。”

保罗回应道：“很好，所以你都明白了吧，苏茜？”

“都明白了，保罗。”

“保罗有没有让你发现自己的特质，你的 A、B、C 类人，以及明白完美客户化身的意义？”海格伦德说道。他回来了，站在他们的桌子旁。

海格伦德看着保罗说道：“还记得我说过的话吗？如果你有时间，与苏茜分享一下，你是如何通过使用经销商的老客户扩大数据库规模的？你能分享一下吗？”

“没问题，海格伦德。商业—关系型的苏茜小姐很好地学习了她的 A、B、C 类人和完美客户化身。”保罗回应道，他又转向了苏茜，“我列表上的名单不够，苏茜，所以海格伦德先生要求我向老板索要老客户的名单。我找到了一封老板寄给他新老客户的信，信中的主要内容是表达对客户的感谢，以及他希望能继续跟进客户，看看他们是否有问题需要解决或有需要效劳的地方。随后我让老板在信中将我介绍成经理或主要联系人，如果他们有任何问题可以找我。几天后，我按顺序给所有人打电话回答他们可能遇到的问题，并询问是否能与他们保持私人沟通。这个方法十分奏效。我将 75 个新人添加到了我的个人数据库中并立即与他们沟通。我曾多次向名单上的所有人租赁或销售新车，我也收获了无数推荐。我带来了一封写给图莱克夫妇的信的复印件，你可以参考一下。”

保罗把信交给了苏茜（见下页）。

“太神奇了，保罗，”苏茜看完信后这么说道，“我也能轻松地把同样的方法运用到我所在的公司了。”

保罗看了看他的手表：“现在已经3点了？时间都去哪儿了？苏茜，15分钟后我还有个小型的销售会议要参加。我们认为到那里你能度过一段美好的时光。我是给刚加入我们公司的新员工培训，给他们简要概述这一理论体系和方法。你想和我一起去吗？”

“听起来不错。”

“我就知道你会这么说的，”海格伦德说道，“那我们走吧？”

接下来的一个小时，苏茜就坐在海格伦德的旁边，苏茜听得入了神，自信的保罗在给七位新人讲解经销商、把握机会实现令人满意的事业以及将关系放在第一位，三点的个人价值和商业价值——帮助他们理解额外收获也是成功事业的一部分。

这时的苏茜激动不已。她很认同他所讲的内容。只要她能适当地运用理论体系和方法，她也能找到自己的目标客户。

——— 来自哈林顿三世的信 ———

肯·图莱克和苏珊·图莱克收

加利福尼亚州兰御贝尼西卡小镇太平洋海岸大道1007号，CA 92117

亲爱的肯和苏珊：

非常感谢你们在购买汽车时能选择我们的经销商。如果你们有任何疑问和困难，欢迎随时直接与我或者我的团队成员联系。

为此，我安排了我们的新晋经理保罗·金斯顿亲自为你们服务，如果你们有任何问题或需要都可以找他。保罗是个历经考验的专业人士，能和他一起共事我们感到非常骄傲。他在对待他人时，总是能把关系放在第一位。

保罗很快就会与你们取得联系，他会做个简短的自我介绍，并回答你们所遇到的问题。

再次感谢！

致以真诚的问候

哈林顿三世

兰彻贝尼西卡豪华汽车有限公司总裁

会议结束后，苏茜要了保罗的名片，并在名片背面写上了一个大大的A字，以便保罗能看到。然后她笑着握了握保罗的手，感谢他的个人展示和一下午有内涵的分享。

海格伦德和苏茜沿着街道走到了咖啡馆，咖啡馆是苏茜故事开始的地方。

苏茜有问不完的问题："保罗说你已经把一切都计划好了，包括何时去做以及如何去做。是真的吗？"

"嗯，是的。"海格伦德笑了笑。他享受着他的门徒变得越发优秀所带来的快乐。苏茜的行为表现与前一天早上完全不同了。她已经开始寻找答案了，海格伦德也觉得现在正是告诉她这一普遍真理的最佳时机。

"我为大伙儿所做的，比如说你，就是给你提供一套强大的营销体系，该体系是基于一个真理——黄金法则。将这一真理付诸实践，你将不再怀疑自己，也不再怀疑自己做出的决定。苏茜，我一开始就跟你提过黄金法则吧。"海格伦德指了指自己的脑袋又拍拍胸脯，他说道，"你必须每天都要运用这一方法——我是说要把他人的需求放在第一位，在业务中把关系放在第一位。我并没有鼓吹我们是在一个无忧无虑的企业环境中生活和工作。事实上，我们也不会有这样的环境。在现实中，我们都知道我们不会对此感到不安，大多数企业领导人也不会认同这种方法。对所有人来说，首先想到自己的需求是很自然的。

“然而，就像其他与我共事的人一样，你也会变得与众不同。只要你每天能使用我的方法，你也可以成为昏暗处的一盏明灯，我的意思是要真正考虑清楚并专注使用这一方法。如果你照做了，苏茜，我敢保证你能收获巨大的满足感。你也能收获事业上的成就感，幸福祥和的感觉也会伴你一生。所有人都会因为你的真实、正直和公正而尊敬你——我指的是所有人。

“也许一开始有点难以置信，”他说道，又一次指了指自己的脑袋，又拍了拍胸脯，“在日常生活中结合你的大脑和内心，并坚持将关系放在第一位，美好的事物会出现在你身上以及你的事业上。相信与生俱来的天赋，你就能做真正的自己，或者像我之前与你分享的那样，道出内心真实的声音。

“透过你的眼神，以及通过详细的观察，我能看到你的真实，苏茜。就像其他我指导过的人，通过我的方法，你已经具备了走向成功的潜质。”

海格伦德有深度的话让苏茜听得入神，她点头表示赞同，说道：“我明白了，海格伦德先生。谢谢你，我明白了。”

“很好，我知道你明白了，叫我大卫就好。”

苏茜笑了笑：“是的，大卫。我明白了，谢谢你。”

海格伦德再一次笑了起来，说道：“请记住，在日常实践过程中，可以借助科技和外部服务，你不需要包揽一切。你也可以找外部承包商来帮忙。跳过去看看原则4。”

话题又回到了商业模式上，苏茜从背包里拿出笔记本，翻到了原则 4 所在的页面并读了出来。“我看看。原则 4：保持沟通、亲自沟通和系统化沟通。”

海格伦德笑得合不拢嘴：“是的。但在讲解原则 4 之前，必须学习在我们试图保持联系时该说些什么，怎么样？这是下一条原则。”

苏茜往回翻了几页，自己读了起来：“原则 3：尽管告诉我。指导你的客户，说明你的工作方式，以及你如何通过不间断的、定期的实际行动带给他们价值。”苏茜抬起头看着海格伦德，叹了一口气。

海格伦德向她歪了歪脑袋，他能理解她的一切感受：“苏茜，我希望你今晚能去一个安静的地方并回顾一下这一整天。我已经给你列出了部分目标，就在你的笔记本里。今晚继续完成你的任务，并制定你的计划。明天早上 8 点整，我会和你见面。菲利普和萨拉也会给你讲解接下来两条重要原则。不要担心，他们非常棒。”

“我希望你知道，对于你的帮助我不胜感激。”苏茜说道。

“这是我的荣幸，”海格伦德笑着说，“我相信你今天在好几个方面有了全新的认识，这是一个好现象。明早见！”

苏茜起身离开，转身想说另外一件事，但是海格伦德已经消失得无影无踪。她笑着摇了摇头。这个家伙到底是个怎样的人？美好的一天，她心想，美好的一天啊！

当天晚上在家，她坐下来，打开笔记本，她找到了标有“目标”的那部分，那里有她的任务。上面还附有海格伦德写的小纸条：

× × ×

亲爱的苏茜：

到目前为止，你和那些聪明、迷人、年轻的职业女性一样，已经开始接受自己的天赋和内在才华了。你的口才很好，苏茜，在所有与我共事的人当中，可以说你是数一数二的。你也发现了你所认识的人比你想象的要多。你开始领会原则 1 中的 250 × 250 原则的力量了。你也知道仅仅列出名单是不够的。你学习了原则 2，知道要将列表按 ABC 归类，以便对你的工作产生帮助。现在也知道了将客户的利益放在自己的需求前面是多么简单有效的方式。你还学习了如何识别完美客户化身。

在我们继续后面的指导之前，以下是你的任务。我完全相信制定完整目标对于工作有巨大的推动力量。

所以接下来你要制定一些目标。短期目标能帮你认清正确的道路。长期目标能帮你看清大局，但是短期目标能促进你前行。

以下两页是为你准备的两个表格。你可以想象自己已经将这些原则运用到你的生活中了，这对于改变你的观念是很有帮助的。

首先，分析并列出你的完美客户化身。然后制定一个自今天起为期两周的目标 1，为期 8 周的目标 2 和目标 3。然后充分发挥你的想象力，标注上完成的日期和完成情况。

不要感到不安。你能做到的。

祝好运！

大卫 · 海格伦德

苏茜翻了一页，找到了空白表格，于是开始写起来。以下是她总结的完美客户化身以及前三个目标：

我的完美客户化身

特质：比尔·汤森德和萨利·桑顿两个人是我的最佳客户。他们都是专业人士，都接受过良好教育，且都是30多岁。他们也是自己企业中的决策者。他们在答应使用我们的产品和服务之前，对我和我所代表的公司做了细致调查。他们各自的年收入分别是200万美元和500万美元，对我的企业来说他们都是可盈利的对象。他们也愿意经常和我见面，了解我们的新产品，并共同解决所遇到的问题。与他们相处很愉快，而且我们的关系还是建立在可持续的基础上。他们成为我的客户以来，分别为我推荐了两名新客户。

我的完美顾客化身：是个职业女性或男性经理，或者是中小型企业老板，年收入至少有100万美元。他或她必须接受过良好教育，并且愿意为对他们企业有利的新产品或服务进行投资。我的完美客户化身是指那些能积极思考、专业解决问题并愿意将我推荐给他人的人。

目标1

目标：认清并相信自己的天赋和内在才华，做一个有口才、专业的女企业家。用真实的声音说话！

目标期限：自今日起，为期两周。

完成日期7月1日和所做的事：我花了两周时间接受了自己是商业—关系型的人，也发现了我的天赋是能够进行专业的展示，以及能清楚说明为什么我的产品和服务能被众多大型国际企业认可。我不再困惑于我是谁以及什么才是真实的自己。值得庆祝！

我所经历的：完全恢复了信心，重新找到了方向。

我的感受：我已经明白了我是谁，也知道我能以商业方式热情地服务于他人，得到他人认可。

让我开心的事：接下来的几个月，我要运用所有的新方法。

我的伙伴和同事的看法：最近我态度上的转变给他们留下了深刻的印象。我又主动加入同事与他们共进午餐。我很享受做我自己。

我的决心：每天使用这一方法……坚持到底。

目标 2

目标：完成 250×250 名单，并将名单归类。开始将我的新想法付诸行动。

目标期限：自今日起，为期 8 周。

完成日期 8 月 15 日和所做的事：我花了 8 周的时间设定目标，列出了我的完美客户化身，将大量时间用于制定企业的新营销计划。我现在已经完全明白了人际关系对于实现短期经济目标的重要性。我知道花更多的时间建立关系以获得终生价值是一笔不错的交易。我已经准备好帮助他人。我已经知道，通过名单上的 250 个人，我真的可以亲自与数千人交流。

我所经历的：完全转变了 8 周前我在咖啡馆的封闭观念。我期待我的每一天。

我的感受：我清楚我的方向，因为现在我已经有了一套经过实践检验的每日计划。

让我开心的事：在日常生活中运用这一理论体系和方法，并能定期看到结果。

我的伙伴和同事的看法：我的新变化让他们印象深刻。他们询问了我有关新方法的问题。他们也因为我在做我自己而不是模仿他人，而看到了我的自信。

我的决心：每天要记住将关系放在第一位，通过询问四个问题来了解他们，以此增加我的250列表。

目标3

目标：建立250×250数据库并按ABC归类。

目标期限：自今日起，为期8周。

完成日期8月15日和所做的事：回顾了数据库，已经完成了250人名单。我将所有人分成了四类——A、B、C、D四类——只要按下按钮就可以分类查找。我还找到了一名虚拟助理，它可以在几秒钟之内整合邮件，还建立了自动的、人性化的实时通信服务，以便联系整个数据库中的人。根据经验我知道，这就是我需要的营销体系。我已通过发送电子邮件向他们表明他们对我的重要性，并开始与这些人沟通。

我所经历的：建立数据库以及和250个人交流的过程中，已经有55个是我的铁杆推荐人。给这些推荐人打电话很愉快，因为他们请我这样做。正如海格伦德所说的，我要吸引他人而不是挤进他人的圈子。

我的感受：更能掌控我的每一天，处事更加积极，因为我为企业制定了积极主动的日常计划，并且卓有成效。我感觉自己不错，通过做真实的自己，好像已经在商界找到了适合自己的位置。

让我开心的事：学习并采用了系统化的方法能让我和每个人保持紧密联系。我能将我所学到的重要原则融入我的业务和生活中。我不用再因为没有做后续工作而表示抱歉，因为我有属于自己的方法。所有人都夸我有专业水准且品貌兼优，因为我和他们一直保持着联系。

我的伙伴和同事的看法：因为我在企业中制定的规则，他们都把我视作有能力的企业家。很多人都让我分享秘诀。

我的决心：坚持到底，在这一过程中成为能力极强的人，进一步培养自己的风格和社交技能。

苏茜放下她的铅笔露出了笑容。实际上，这个任务真正起作用了。她想象得出未来的自己。她也很喜欢想象中的情形。她放下笔记本，熄了灯，带着期待进入了梦乡。她期待着新一天的来临——很长时间以来，这是第一次这么期待。

第5章

交流 × 三个层面打造人脉圈

第二天早上，苏茜比平时醒得更早一些。太阳还没有完全从兰彻贝尼西卡的东边山头升起。

但她再也睡不着了。事实上，她是迫不及待要起床了。她思绪万千，这也是数周来第一次如此积极。并且，她感觉不错。所有的想法、期望以及过去两天他们分享的故事让她充满力量且精神振奋，她自己都有些吃惊。她不仅改变了自身的处境，而且前一天晚上设定目标后，她还制定了一份真实的行动计划——不像她了解过的其他计划那么不自然。

以前，参加培训会议听到了她不喜欢的理念和方法时，她会将那些环节搪塞过去——比如陌生电话推销，处理反对意见或问一些终结性问题。这次她没有这么做。因为在目前这套方法中，她并没有看到那些令人讨厌的东西（尤其是打陌生推销电话——天哪，她实在太讨厌打陌生推销电话了）——完全没有。

于是她冲了个澡，穿了一套最好的衣服，因为她希望自己今天早上看起来和她的感觉一样好。几分钟后，她漫步在主街上，眺望着大海。晨雾还未散去，她很喜欢这崭新的一刻。这天依旧是崭新的一天，但却比以往任何时候都要新。她知道这是为什么。她再次检查了自己的背包确认是否带了笔记本，因为她希望再次回顾昨晚写下的目标，这是在海格伦德的帮助下完成的。

这时，她来到了咖啡馆，海格伦德已经到了，他正在看着展柜上诱人的甜点。

“早上好，苏茜！”他说道，苏茜也感觉很愉快，“准备好开始了吗？”

“我从来没有准备这么充分过。”

“很好，选一款甜点吧，点一杯你想喝的咖啡，然后选个桌子坐下，回顾一下你昨天的想法。随后我会告诉你今天要学些什么。”

几分钟后，两个人都坐在了前面的桌子旁，桌上摆放着他们的咖啡、甜点和笔记本。海格伦德看完苏茜的完整目标后，他的脸上露出了灿烂的笑容。

“怎么了？”她很想知道。

“我就喜欢看到有人像你这样设定目标。”

苏茜端起她的咖啡杯，自信地靠在椅子上：“你的意思是，理解人际关系的终生价值——人们一生可能会购买的产品的价值以及他们终生作为推荐人的价值？而且要从帮助他人开始？通过使用恰当的、有条理的、按ABC归类的数据库进行沟通的价值？关注完美客户化身所带来的意义？还是设定的为期两周或8周的目标的价值？”

海格伦德仰着头，开心地大笑起来：“你做得棒极了，苏茜。你已经将那些理论体系和方法融入真实的自我了。看到你为接下来8周设定的和想象的目标，我真心期待能看到你的光明未来。”

“非常感谢，海格伦德先生，噢，是大卫。”苏茜说道，又微微一笑，“但我也必须得承认，我有两个疑问。我在告诉他人我的工作方式时会觉得有点不自在，尤其是靠人推荐这一方式。这是下一步，对吧？我需要从头开始吗？”

海格伦德点点头：“观察得很仔细。每个我帮助过的人，他们在内化这一方法的过程中都有同样的困惑。今天早上你将从菲利普那儿学到如何指导与你共事的员工、如何指导你的数据库中的客户和伙伴——是基于250×250列表且已经按ABC归类的数据库。不过，首先你得教育自己。你要将黄金法则应用到日常生活中，还要将他人推荐给你所信任的人。你开始这么做时，就能自信地告诉他人你的业务主要是靠推荐支撑的。就像人们所说的，人应该言行一致，并能掌控自己的命运。所谓的做真实的自己就是这么一回事。”

“我明白了，我最不愿意做的事就是讨论我的客户应该做些什么，而他们却不会听从我的意见。”她说道，“说实话，我以前就遇到过这种情况，但根据经验来看，这根本不管用。”

苏茜低下了头，深吸了一口气，又抬头看着海格伦德：“你已经解决了我的第一个问题。现在是第二个问题。如果我能做真实的自己，但在业务中要与各种类型的人建立人际关系，对我来说是个真正的难题。我的意思是，和其他同龄年轻女性建立关系没有任何问题，但是与年龄更大的专业人士建立人脉关系时，我就有点不知所措，我也不知道这是为什么。对我来说很尴尬。”

海格伦德像个和善的大叔，他笑了笑说道：“我理解，苏茜。”他往前坐了点，继续说道：“我们之前也说过，适应你的天赋和能力需要一定的过程……也包括做真实的自己。”

“我本打算过后再跟你分享这点，但是既然你提出来了，菲利普也要过几分钟才到，我现在给你解释解释吧。”

“我想跟你分享一个关于我信任的老朋友的故事以及他是如何做真正的自己的。他叫KT，是一个非常成功的辩护律师。在很多同事眼里，他是这个领域里的顶尖高手。用他的话说，他在法庭上的成功取决于他在个人层面上与陪审团建立关系的能力，所以他们信任他、喜欢他。想想看：在那种环境下，那是多么艰巨的任务！”

苏茜的笔记本摆放在桌子上。海格伦德往后翻动着笔记本，停在了某一页，其标题是“交流的三个层面”（见图5－1）。

“KT说过，我们一般从三个层面进行交流。第一个层面是表层。比如说你每周在杂货店遇到的收银员，你们之间礼貌性地谈论热点话题。KT是个幽默风趣的人，他在第一层面交流的例子是，他参加交谊会时，经常逗人大笑。他很喜欢这么做，至于分享的内容完全是很浅显的。

“第二个层面与我们的职业生活相关。KT第二层面的例子是关于他的职业模式。和别人一样，他也有着多年的从业经验，KT从第二层面与他人交流时会感觉很自在。我们从第二个层面进行交流时，就能建立业务关系而非个人关系。我们要经常从第二个层面与众人交流，这么做也比较合适。理解吗？”

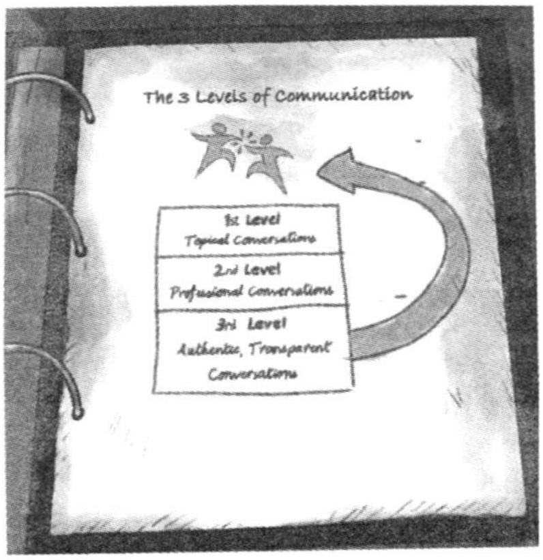

图5－1

苏茜回答道：“我能理解。”

海格伦德继续说道：“但是做到第三个层面，会有好事发生：从这一层面进行交流时，我们就能建立人脉关系。第三层面是我们的透明层面、真实层面。这一层面是道出内心真实的声音。正如KT所说，这就是要指出房间里的粉红大象——即你明明知道却不愿说的事。你最好指出来，因为大多数人都看到了粉红大象。我们从这一层面交流时，能与他人建立个人关系是因为我们呈现的是一个诚实的、坦诚的、真实的自己。这一层面在于对好朋友承认是自己将事情搞砸了，并请求他们的原谅。他们听到我们是从这一层面说话时，会产生共鸣，因为他们也有自己的‘粉红色大象’。从第三层面交流能让我们在职业生活和个人生活中建立关系。我们的透明和真实会赋予我们力量，每次想到时都会让人变得坚强。

“KT 成功的关键在于，他能与不同年龄、不同性别、不同收入层次以及不同种族的陪审团成员建立关系，甚至不需要他们开口说一句话。他很真诚，也会谈论到他自己的担忧、期待与恐惧。他之所以能建立关系是因为那些陪审团也有相同的担忧、期待和恐惧。”

她的脸上立刻容光焕发，回答道：“太不可思议了。这对我来说也很有意义。我也必须知道何时才适合从第三层面进行沟通，因为有时我进入第三层面的速度太快了。但这确实很简单，我很喜欢。”

“是的，全国所有的辩护律师都认同这一简单的方法，并且每次他举办的讨论会都是座无虚席，一起来听他讲三个层面的交流原则。

“至于这一点，苏茜，KT 认为你可以从任何层面建立关系。然而，与他人建立关系的重点是，首先要了解这三个层面，根据情况从第三个层面交流，并道出真实的声音。这一方法对我们所有人的业务关系和个人关系都会有所帮助。所以，振作起来，苏茜。不只是你会有这样的困惑。下次你见到 KT 时，可以问问他早些年努力建立业务关系的经历。他讲述过去努力找到真实自我的经历时，会让你和在场的所有人捧腹大笑。

“这对你有帮助吗？苏茜。”

苏茜回答道：“当然，帮助实在太大了。”

海格伦德笑了笑并抬起了头，苏茜也向前倾了倾，坚定地和他击了个掌，此时海格伦德看到菲利普走进门来：“记住，苏茜，菲利普是属于商业—关系型的，所以他的风格与希拉·玛丽和保罗完全不一样。”

苏茜小声回应道：“嗯，不用担心，大卫。我们都是商业—关系型的人，我们应该能相处得来。”海格伦德看着苏茜，点点头，露出了笑容。

菲利普在约定的时间准时到达，像往常一样着装得体：“早上好，我是菲利普·斯塔克豪斯。看起来你们在谈论好事呀。”他走到桌边时对苏茜这么说道，并露出了温暖而自信的微笑。

“菲利普，”海格伦德说道，“这就是我之前向你提起过的朋友，苏茜·麦坎伯。”

“你好，菲利普，”苏茜回应道，“很高兴见到你。”

海格伦德向他招招手又拖过来一把椅子：“菲利普，我刚才向苏茜提到了你今天早上要分享的内容，关于如何用她新学的方法引导他人。”

“更像是教导。”菲利普笑了笑，坐了下来。

“开始之前，你先给苏茜介绍下你的背景以及我们认识之前你的情况吧。我想，在你的客户到来之前，让你们两个单独聊会儿吧。你是在这里会见客户吧，菲利普？”

“是的，就坐在这里。”

“好，那我 11 点左右回来，好吗？”

“没问题。”菲利普说道，苏茜也点点头，在海格伦德再次消失的时候她向他挥了挥手。

“那么，苏茜，”菲利普开始说道，并靠向了她，“你对过去一两天的所见所闻有什么想法？”菲利普突然直接地将话题转到苏茜身上，就像在质问苏茜。

他的仔细打量让苏茜有些吃惊，苏茜又有点像以前那样紧张不安。从衣着和言行举止判断，菲利普显然非常成功。然而，她想起了前一天所学的内容，而且她是由海格伦德推荐给菲利普的，就对他没有了戒心。她看着菲利普说道："虽然我仍然有一些疑问，但我最开心的是我不必努力给你留下深刻印象了，我只需要做我自己。这是我昨天在希拉·玛丽和保罗身上学到的。而且，这一方法乍一听似乎挺简单，不过我想这仅仅只是我的第一印象。实际上，如果我能正确运用这个方法，这听起来会比我之前听到的或曾试过的计划都要专业且更加具有影响力，我认为这并非是我一厢情愿的想法。"

苏茜忘记了先前的不安而且状态很好，菲利普也注意到了这点。他笑了笑，很满意："我觉得你能开始运用这个方法了，我也很期待看到你的成功。你一定会有满意的结果的。既然你已经明白了关系的价值，已经学习了如何建立数据库并按 ABC 归类，也知道了你的完美客户化身，那我应该给你讲讲接下来要做的事。"

"是什么呢?"

"活学活用。"菲利普说道，脸上带着些许微笑，"你感觉怎么样?"

"有道理。你是怎么做到的呢?"苏茜问道。

"一步一个脚印，"菲利普说道，"学会如何运用这一方法以及如何教育他人并不是一蹴而就的。要从认知的转变开始——首先改变你自己（你的想法和行为），然后才是改变他人。这个时候，那些现在你所认识的人以及将来要遇到的人，会立即接受你所改变的认知。"

他挥挥手以引起本尼的注意。

"和平时一样?"本尼确认道。

菲利普向他竖起了标志性的大拇指，又回到了谈话中："你知道的，我以前没想过这个问题，但海格伦德就是个规则改变者。他做的第一件事就是改变我们对自己的认知，然后帮助我们改变我们周围的人的认知。"

"在过去的两天里，他已经改变了我的观念了。"

“以前我几乎不通过数据库和推荐来拓展业务，”菲利普吐露着自己的心声，“认识海格伦德之前，我给我们办公室的理财规划师培训的内容是如何打推销电话。我在报纸、电话以及任何可以投资的地方打广告，只希望能接到客户电话。我很擅长陌生电话推销，晋升职位后，我就已经掌握了销售的诀窍。当我还是个年轻销售小伙时，我的电话就响个不停。不过我没有从中获得太多的满足感，但我觉得这就是所有人做生意的方式。”

“你以前擅长电话推销？”

“是的，”菲利普承认，“但我并不喜欢。随着客户数量和收入的增长，我想做下一步打算。我决定创办自己的公司。我投入了大笔积蓄建立自己的团队，并按照老套的销售方法给我的年轻新顾问们培训，你知道的——老套的方法，结果却完全……不值一提。我发现很少有人能承受打推销电话被拒绝的压力。学习处理反对意见、提出问题、提供解决方案等技能并达到可以运用的水平，这类人则少之又少。很少有人真正擅长陌生电话推销，或能长时间坚持下去。由于我需要支付运营费用还要养活一支团队，随着工作时长和压力的增加，我的盈利不断下滑。我也获得过推荐，但都不是我感兴趣的类型。我的整体结果越是不理想，我就会花更多的钱去找更多的办法。在我遇到海格伦德前，我一筹莫展。虽然我看起来对他人依旧和善，但……我真的不知道该怎么办。他说我在壁炉架上。显然我是到了事业的分岔口，我感到灰心丧气，没有了勇气。我还打算解散团队，让他们重新开始，公司就由我自己经营。虽然我不愿意这么做，但我知道这样至少还能支付得起费用。”

“我明白这种感觉。”苏茜说道。

“我还记得，我曾告诉海格伦德我并不需要过多的推荐人。因为我没有一个维护我的意向客户的方法，通常对我的推荐都不是我想要的。我告诉他我没有时间也没有兴趣谈论某人刚结婚的儿子或女儿，或他们的下一步的10000美元投资计划。我只希望通过我的管理赚更多的钱!”

“现在我想告诉你，苏茜，海格伦德知道如何帮助像我这种走错方向的人，而且他只是问了一个简单的小问题。我深吸了一口气，他笑了笑说道：‘我要问你一个问题，你只需回答是或不是，菲利普。如果我能告诉你一个方法，这个方法能让你用10%的优秀客户替换掉10%的最糟糕的客户，你会对这一方法感兴趣吗?’”

“这感觉像是‘欺骗’，我只是看着他的眼睛，轻声问道：‘你真的能做到吗?’他的回答是：‘当然，毋庸置疑。’这就是我开启人生的过程。这也转变了我的事业方向和人生方向。现在，我因为企业经营方式和我选择的合作客户而受人尊敬，我也有了更多的时间陪我的妻子和我的儿子——也有更多时间享受生活。因为我合理运用了他的方法，我主要是和社区里10%的富裕家庭打交道。我采用这个方法培训我所有的员工，他们也因此更加喜欢自己，更喜欢公司。我们使用‘尽管告诉我’时，我们都知道这是一个双向的过程。这就是我们使用这个短句如此自信的原因，因为我们做到了身体力行。”

苏茜看着他，有些疑惑不解：“尽管告诉我?”

“嗯，没错，这是原则3的关键——尽管告诉我。指导你的客户，说明你的工作方式，以及你如何通过不间断的、定期的实际行动带给他们价值。这就是我们这些已掌握海格伦德的方法的人，发自内心要对我们打交道的客户所说的话。是否使用完全一样的话并不重要，重要的是这一方法，所以你可以用自己的语言表述。如果我们能在业务或其他方面以任何方式给予他们帮助，我们希望客户能告诉我们。你将听到有关如何使用原则4的详细讲解。不过现在，只需知道这句话及其背后的道理，以及在给你的客户留下良好印象上有多么神奇。最后一件你要做的事才是为自己谋利益。这些话背后的行动，体现的是‘帮助他人’的心态。在推介体系中，最重要的动力因素是和客户保持沟通并告诉客户你是如何开展工作的。”

苏茜对这个新观点很感兴趣：“我喜欢，这听起来就不一样，很真实。”

“确实是这样的，”他解释道，“这是此原则的精髓所在。那就是真实的。我们总是给人们帮助，我们以常规商业理念不曾有的方式为我们的客户提供服务。观念陈旧的企业家可能不会赞成——换作六年前的我也不会赞成的。但现在，这就是我们为客户提供服务的全部。我们运用这一原则时，第二部分就成了第二天性。”

“什么是第二部分？你是指推荐吗？”

“没错。因为我们已经运用了这些原则，我们现在就有了‘通行证’——能让我们认识的人为我们推荐客户，我的意思是推荐的人是我们所感兴趣的。”

为了给苏茜演示一遍，菲利普立马带着温和而又不乏热情的眼神看着她，像个专业人士笔直地端坐着，说道：“这位非常重要的女士，如果我们能以任何方式在业务或其他方面给予您帮助，尽管告诉我。如果您有任何朋友或伙伴需要我们的服务，请打电话告诉我他们的名字。我将会像对待您一样去对待他们的。请让我们知道。”菲利普又坐回椅子上，笑了笑说道：“明白了吗？”

苏茜也露出了笑容：“是的，我明白了。第二个部分是关键。”

菲利普点点头：“推荐教育过程在第一次见面就开始了。即使你在第一次见面中没有让客户推荐，但是你要告诉客户，当为他们争取利益后，你希望他们能够推荐你。你将学习到如何向客户解释你的业务主要来源于推荐，并要说明这么做才是真正惠及客户，因为这能让你和你的团队更好地服务他们。这并没有像发射火箭那么高深，苏茜。在企业经营上，你不必将大量的时间和资源浪费在其他方法上。你的方法就是关注他人的需求，并将他人的需求摆在自身需求之前，他们会响应你的方式的，他们真的会的。你也很快会学习到的。”

菲利普的激情和自信让苏茜佩服不已，苏茜的脑海里突然冒出了一个问题，使她有些不安：“如果有人给你推荐客户，你会给推荐费吗?”

菲利普不禁笑了起来：“问得好，我们会给推荐理财顾问的人付费，就像律师也会付费给另一个推荐的律师。如果付费是公认的做法，那么你也应该付费。我从海格伦德那里学到的一样东西就是，如果你支付了推荐费，要确保平等对待推荐人和被推荐人，只有这样，一个人搞清楚情况那么另外一个人才不会觉得尴尬。”

“不过，根据经验来看，我们通常不需要支付推荐费。比如说你将一家不错的餐馆或一部精彩的电影推荐给你的朋友时，你从不会期望获得推荐费。你这样做，是因为你已经享受了良好的服务或已欣赏过那部电影，你觉得你的朋友知道后也能从中获益。你也能从中获得快乐，因为你是第一个发现并分享那家餐馆或那部电影的人。如果你再去餐馆并且老板认出了你，老板会因为你是他的支持者而感激你，也许会给你提供更快捷的服务，”他又增大了音量以便本尼可以听见，而此时本尼正朝这边走来，“就像咖啡馆的本尼一样!”

“嘿，你们在谈论我吗?”本尼模仿着布鲁克林粗犷的声音说道，并将一杯热腾腾的咖啡放在桌子上，离菲利普只有几英寸远。

“嘿，来得正是时候。”菲利普用更加粗犷的声音回应道，“喏，把钱拿走，不要管我们!”

本尼笑了起来，收好了钱，然后向菲利普竖起了大拇指，菲利普则笑得很开心。

“那个小伙很不错。因为他我才认识了海格伦德。他是海格伦德方法成功的活广告牌，不是吗？”

“本尼也是由海格伦德亲自指导的吗？”苏茜眼睛睁得大大的，脸上露出了笑意，这也证明了她之前的猜想。

“当然了，”菲利普说道，他搅了搅咖啡，然后喝了一小口，“环顾四周，看看他对客户的服务以及建立的人脉关系，再看看他培养的坚定拥护者，他们是能说话会行走的广告牌。他所有的员工都礼貌热情，也能注意满足客户的需求。”

“他在这里有很多朋友，有一批快乐的员工，也有很多回头客。你说的对。”

“再想想你收到关于咖啡馆的‘有价值的小东西’的邮件——包含优惠券，服务折扣之类的东西。”

她简直不敢相信她以前从来没注意过这点：“你说得对，菲利普。我才明白这一切——他说的话和你们教我使用的话是类似的。他也常常问我是否能以任何方式给予我帮助，而且也让我将他的名字告诉朋友家人，他们也能在这里享受很好的服务。他甚至还将海格伦德推荐给我！我在想……嗯，我也不知道我在想些什么。这是如此自然，也很有帮助。就像他所关心的那样。这家咖啡馆经营得如此成功，这里员工友善，气氛和谐，我怎么没有告诉我的朋友呢？”

“这就是其中的道理，苏茜。我们总是将好消息告诉我们喜欢的人或者愿意合作的人。所有人包括本尼、保罗、希拉·玛丽还有很多其他的人都是这样的。这一理念和方法适合任何行业或任何企业。我们有个业务关系网，我们愿意将他人推荐给我们的朋友和客户，因为我们都知道他们会好好关照那些被推荐人。”

“关键的一点是：我们都是人，有时也会不经意传递‘负面的消息’。如果确实发生了这种情况，我们要立即坦白承认，不要找借口，要尽可能改变局势。”

“明白其中的道理吗?”

“我开始想象这一完整、有趣的画面了。”

“这让我们回到了我今天应该告诉你的内容上——指导。既然你已经准备开始改变认知，那么就需要采取下一步措施，在你的业务沟通中树立品牌体系，比如‘尽管告诉我’的概念以及其他描述你的新理念的东西：感谢贺卡、信件抬头、邮件交流以及用于表达感谢的有价值的小东西。这一体系应该是你向所有人讲述的内容中的一部分，在你的工作中，你必须每天都这么做。”

苏茜看着菲利普的西装外套，从他坐下时苏茜就注意到了。“你翻领上的‘海格伦德’别针（见图5－2）表示什么意思?”她问道，“从见到你开始，我就一直想问这个问题。我觉得这才是关键。”

图5－2

“苏茜，你观察得太仔细了!”菲利普笑了笑，轻轻拍了拍他那彩色的领针。“你喜欢吗? 多年前，海格伦德曾帮助过的几个人聚集在一起，最后给他这个非常棒的理论体系和方法取了个名字。我们称之为‘海格伦德体系’。海格伦德说没有必要，但我们想做一些事以表达对他的敬意。他是一个乐于付出的人，但他并不是为了钱。在他职业生涯的早期，他所挣的钱花都花不完，如果你留心，就会发现他真的不求回报。他没有向你要求什么吧，是吧?”

“是的，他没有。”苏茜回答道。

“嗯，但我必须回报他。最初我想给他钱时，他给了我一份他最喜欢的慈善机构的清单。他告诉我这就是回馈的方式，要捐多少钱取决于我自己。他还告诉我，他在多年前帮助他人学习他所掌握的普遍真理并帮助他们付诸实践，从中收获了个人满足感。所以，我现在经常给他喜欢的慈善机构捐款，同时我回报的方式就是给我的客户、同事以及像你这样的新朋友分享‘海格伦德体系’。对于他的帮助和鼓励，我所做的实在微不足道。我用‘海格伦德体系’制作了一个徽标，我谦虚谨慎地将它作为我人生的组成部分，用于阐述终生关系的价值。

“每个人都是独一无二的，所以你要怎样理解这点取决于你自己。不要让自己陷入杂乱和迷惑之中，不要人云亦云。要把眼光放得长远些，要知道大格局是基于所有人都深刻理解的普遍道理的。正所谓己所不欲……”

苏茜立马插话：“勿施于人。”

“很好，苏茜，”菲利普笑着说道，“你最好打开你的笔记本。我将给你介绍一些有关原则3的精彩内容。”

苏茜取出笔记本和铅笔，迅速翻到了正确的那页，等待菲利普讲解：“我准备好了。”

“好的。原则3是——”

苏茜打断他的话，接着说道：“尽管告诉我。指导你的客户，说明你的工作方式，以及你如何通过不间断的、定期的实际行动带给他们价值（图5-3）。”

“完全正确，”菲利普说道，随后以非常严肃的语气开始解释，“简言

原则3：尽管告诉我。指导你的客户，说明你的工作方式，以及你如何通过不间断的、定期的实际行动带给他们价值。

图5－3

之，我之前提到过，就是与你认识的所有人沟通的能力，告诉他们你如何开展业务，你能为他们做些什么以及你对他们有什么期望。将数据库分类排列后，你只要做好准备并静静等待，就已经成功一半了。下一步就是认识你自己。当你改变了对自己的认知，并真正能将海格伦德教给你的方法应用于你的日常生活中，你就能不断前进了。”他顿了一下又接着说道，“前面我提到过‘通行证’这个词。你是否还记得上学那会儿，在上课期间需要一张通行证才能被允许进入礼堂?”

苏茜点点头，又笑了笑。

“这和下面的情况相类似：觉得自己有权利打电话给某人或让他们给你提供业务，这是很有必要的。大多数人从来没有持续与任何人沟通，更不用说采取实际行动以证明我们是将客户的关系放在第一位的。很多时候，我不能说服销售人员给新老客户或他们影响圈内的人打电话。为什么他们不愿尝试？最根本的原因——他们很少有人承认——是他们没有与客户保持联系而感到尴尬，要求他们现在就打电话，他们也会觉得不自在和不安。他们已经失去了通行证。

“那么，如果持续亲自沟通，情况又会如何呢？你又是何时采取实际行动证明你是将关系放在第一位的呢？人们愿意接到你的来电，那是他们感谢你在沟通中的专业指点和行动上的体贴周到。你已经获得了给他人打电话的通行证，如果时机合适，可以谈谈业务——你会感觉很棒。”

苏茜飞快地记着笔记，眉头紧锁，全神贯注地听着菲利普详细讲解下一点：“接下来，如果有员工和你一起共事，你就必须让他们与你共同进步。他们需要接受定期的培训，并很好地运用这套理论体系和方法。一旦那些与你共事的人也能运用这套方法，你就可以开始指导数据库名单上的人和新添至数据库中的人了。”

苏茜抬起了头：“我的 250×250 名单吗？也就是我按 ABC 归类好的名单？”

“就是那个。就是你的数据库名单。你不必等待一切就绪再开始教他们。你可以一步步来。”

“首先，你要给你归类好的数据库名单上的人写一封信，告诉他们你新的企业理念和你的积极交流方法。一些人会把它当作忏悔信。不论你是否有忏悔的内容，主要是向那些你认识的人、以前服务过的人说明你能给他们带来的价值，以及你将重新关注他们。这是一封我带给你的样信。”

———菲利普·斯塔克豪斯———

利兹·亨切尔和基斯·亨切尔收

加利福尼亚兰御贝尼西卡希思特勒斯路 119 号，CA 92117

亲爱的利兹和基斯：

近日来，我和我的员工抽空回顾了下我们的业务，并得出了一致的结论：我们所拥有的最重要的资产就是迄今为止所建立的关系——正如我们与你们建立的关系。

我们也感到很抱歉，我们没有积极主动地和你们沟通交流。对此，我希望你们知道，我们将采取适当措施来保证和你们频繁交流。也许是来自我们公司的信件、个人贺卡或是跟进电话。请将此视为我们始终将你我之间的关系放在第一位的切实证据。

近期，我们会亲自与你们沟通。同时，如果你们有任何问题，或我们可以以任何方式给予你们帮助的话，请随时联系我们！

真诚的

菲利普·斯塔克豪斯

苏茜像接过一块黄金一样接过这封信。“希拉·玛丽也曾提到过，”她说道，“太完美了。”几秒钟后，她开始认真研究这封信，她的脑子飞快地转动着，直到冒出了一个新想法——也是一个重要的想法：“如果是我可能会见到的新客户该怎么办?”

“这个方法仍然有效，我会告诉你原因。”他说道，“向他人分享你开展业务的方式、你建立关系的过程以及它对所有人的价值，将是一个自然的过程，你会发现会见新人也是一件快乐的事。过后，你就要跟进这些刚认识的人——首先，你们见面后要赶紧记下他们的个人信息，然后就是按照你的沟通计划与他们交流。这些人绝不会认为体现在他们身上的L代表的是‘主角’（Lead）。你也不会觉得自己身上的L代表的是‘失败者’（Loser），因为是你让那些人感觉这样的！”

苏茜开怀大笑：“好吧，我很开心能听到你这么说。”

“再说一次，推荐过程从你们第一次见面就开始了。见面过程中，你要向那些潜在客户说明你要为他们做些什么，等你拥有了沟通的权利时，再向他们寻求推荐。我不管怎么解释都不够充分。即便我已经说过两次了，我还应该再说一次。”菲利普竖起了食指表示强调，“关键是，当你寻求他们的推荐时，也许你并不觉得意外，你需要从寻求一个更为简单的推荐着手。理解吗？苏茜。”

“比想象中要难，菲利普。我一直都不擅长寻求推荐。说实话，客户给我支付了服务费用后，常常会觉得自己在强迫他们。寻求推荐时也会有种罪恶感。”

菲利普靠在椅子上，开心地笑了。“苏茜，请相信我，并非只有你会这样。在我的行业里，你刚刚说的情况很普遍。但是，你已有一套方法，就是将客户的需求摆在第一位，并通过实际行动证明你确实这么做的，这样就好办了。推荐过程在第一次见面就开始了，关于推荐的理念就贯穿在整个销售过程中，所以最后请求他人的推荐时，你会觉得这对你和你的客户来说都是一个自然的过程。

“坚持是关键，你数据库列表上的人——比如你的家人——知道你是否是真心的。当他们看到你始终言行一致，他们也听到了你内心真实的声音，他们就会信任你。苏茜，你很快就能接到很多推荐电话，并且那些目标客户恰好符合你的完美客户化身。很多情况下，你数据库中的人会积极主动地给你打电话并向你推荐客户，因为你有一套关键方法服务他们并指导他们这么做。”

苏茜对这一方法感到兴奋不已，但仍然有个问题困扰着她。她决定坦诚面对：“你是如何应对那些拒绝你的人的，菲利普？虽然我不愿承认，但是我很讨厌被拒绝。这让人崩溃，但我也知道这是销售的一部分！”

菲利普笑了笑。“我会告诉你如何去应对。一旦你开始实施这一积极‘对外的’理论体系和方法时，你就会有办法应对遭到拒绝时的恐惧心理。

如果你选择这么做，你会慢慢接受不完美，会努力将拒绝你的人变成你的客户，也能保全你的面子。要告诉你怎么做——还是进行角色扮演吧。”菲利普建议说，“比如说，我的一位客户向你推荐我的服务，也没有让你意识到我会给你打电话。在我的业务中，我得到的推荐要比引荐多，但两者都很不错。对我们来说，引荐和推荐两者之间还是有差别的。”

“有什么区别?”苏茜问道。

“答案很简单，你可以将我的服务推荐给所有你认识的人，不论他们是否需要理财顾问。而我们认为引荐是某人目前正在寻找一个理财顾问并寻求推荐的过程。对有些人来说，听起来两者像是同义词，但于我们而言，能让客户推荐我们的服务，会比引荐我们更简单。明白吗?”

“有点，”苏茜说道，又笑了笑，“是的，我明白了。”

“假设某个你认识的人将我推荐给了你，通过你的熟人介绍，我们能进行沟通了。由于我是被推荐的，给你打电话时我可能会感觉良好，也会说下面这样的话。”他做了一个拿起电话的手势。

苏茜还在犹豫是否应该记笔记。她握着她的铅笔。

这时菲利普开始对着他想象的电话说话：“你好，苏茜。我是菲利普·斯塔克豪斯。您的朋友瑞驰·麦凯恩将我推荐给你了。他已经将我的联系方式发送到您的邮箱了。他不确定您是否需要我的服务，但是觉得您可能会想知道我为他做了些什么。我有没有打扰到您?”菲利普用手盖住他那隐形的电话，小声对苏茜说道：“通常，你不会承认现在不方便，除非你真的很忙。”

将计就计，苏茜回答道，并将她的铅笔想象成电话：“不，不，我不忙。”

“太好了。苏茜，如果方便的话，我想跟你说几件事，让你了解下我为瑞驰和他的家人制定的积极理财计划，虽然最新的税法改了。如果你对所听到的内容感兴趣，我们可以进一步再谈。如果你不感兴趣，我们就到此为止。怎么样？”

菲利普放下他那假想的电话：“因为你认识瑞驰，我已经将是否要见面的权利交到你手上了，如果你对所听的内容有兴趣，我们可以进一步再谈。不过，你不觉得与我继续交流的可能性很大吗？”

苏茜点点头说道：“确实如此。”

“你说得对。那么，假设不论出于什么原因你拒绝了我的请求，现在该怎么办呢？”他停顿了一下，“这就是区别——我掌握了一套大多数人所不知道的方法。因为我表现得很专业，对你也很有礼貌。我也看重我和瑞驰·麦凯恩的关系。现在，即使你拒绝了我，我也能恰当地做出回应，也会问你我们是否还能继续保持联系。我不会觉得我在强迫你，也不会因为给你打电话而感到尴尬，因为我是被推荐的。这时候，我只会问你我们是否能保持联系。”

“所以如果你拒绝了我，以下会是我的回答。”

菲利普又拿起了他那想象的电话说道：“不感兴趣吗，苏茜？我理解。我和瑞驰之间的关系——在某一天，如果时机合适，也许是与你的关系——会比我的产品销售更重要。我知道现在时机还不太合适，或许换个时间会更适合。如果可以的话，我能和你保持联系吗？这样可以吗？”

苏茜点点头，再次对着她的铅笔“电话”说道：“好的，没问题，菲利普。无论如何都得谢谢你。再见。”

“明白了吗？”菲利普说道，“因为我有一套合适的方法，我很看重我与推荐我的人的关系，然后保持后续沟通，其特点就是注重关系——专业，但仍注重关系——因此，如果我这么做，我就可以很轻易地避免尴尬，也能保住自己的面子。如果我得到的是积极的回应并同意继续交流，我会将你的联系方式纳入到我的未来客户那一栏，现在我也有能力与你建立关系了，也许在某一天就能获得新业务了。”

“哇!”苏茜惊叫着，“我应该把这点记下来！如果我也能像你一样说得那么流畅，并应用到我的工作中该有多好!”

“你能行的，因为你背后有一套强大的方法支撑着你，那就是将关系放在第一位。你也要运用这些原则方法，同时要坚持黄金法则。你希望别人怎么对待你，你也要怎样对待别人。”菲利普停顿了一下以示强调，“切记。当你合理运用这些方法时，你一定要相信它能行——只要你照做并付诸实践。”

苏茜皱起了眉头：“你的意思是?”

“最基本的一点是，你要利用好你新获得的‘通行证’能力给他人打电话。你应该积极主动一些，然后再寻求他们的引荐或推荐，最后才是谈业务合作。因为你把关系放在第一位——定期保持联系，并提供帮助——所以在寻求业务合作或推荐时，你也会重新获得自尊和自信。并且在此过程中你还要做真实的自己。你的客户会很期待你这样做，你的目标客户也会支持你。”

菲利普说完又坐回椅子上，一身轻松。而苏茜，在飞快地记着笔记。

“具体该怎么做是原则 4 的内容，我想，你今天下午就会学到原则 4。”

“是的，由名叫萨拉·辛普森的人给我讲解。”

“萨拉是个精力充沛的人。她会让你震惊的。她会花几分钟教你如何始终保持联系。”

“保持联系——”

“没错，”菲利普说道，“我会让她告诉你的。你也会很喜欢的。”

苏茜终于放下了铅笔。

这时海格伦德走了进来，他们两人都抬起了头，感叹着两个小时这么快就过去了。

“我的得意门生怎么样?”海格伦德问道。

“她将会是个非同凡响的人。”菲利普站起身来说道。

“你要去哪儿吗?”苏茜向菲利普问道。

“就在附近。”他说道,又指了指旁边的桌子。

苏茜有些疑惑,又看了看海格伦德。

他解释道:“苏茜,我和你再坐一会儿。另外,几分钟后有一对夫妻要来这里会见菲利普。他和那对夫妻就坐在我们旁边。这样,我们也能听听他如何引导新客户,而且不会让他们感到不舒服。”

“好主意。我要看看大师是怎么做的。”

听到这话菲利普咧嘴笑了起来:“三个月前,我就和这对夫妻有合作了,我邀请他们来这里喝咖啡以便让他们了解一些情况,所以这对你会很有帮助。”这时他看见那对夫妻准时走进门,菲利普就上前接待他们。

在接下来的45分钟里,苏茜专心地听着,菲利普清楚地阐释着他早上和她分享过的东西,这让她非常惊讶。她希望自己能录下菲利普所说的话。他是如此真实。

几分钟内,菲利普和这对夫妇点完咖啡等候的间隙,他们谈论了菲利普为他们制定的理财计划。随后,这对夫妇也问到了他所佩戴的海格伦德领针是什么含义,这让苏茜又惊又喜。菲利普开始了一段完美的开场白。他说了他建立终身关系的方法,并递给他们一本通信录(见图5-4),封面写着“我的推荐团队:我愿意推荐的业务、专业人士和服务”。封面底下有他自己的名字和联系方式。苏茜努力俯过身子想看看那本通信录,却使得那对夫妻盯着她看。苏茜迅速咳了起来,挪动着她的椅子,发出巨大的声响,她努力想掩饰自己。这一场景逗乐了海格伦德,他又不得不压低笑声。但他确实很开心能看到苏茜这么积极。

“那个通信录是什么?”她小声对海格伦德说道,“感觉太棒了!”

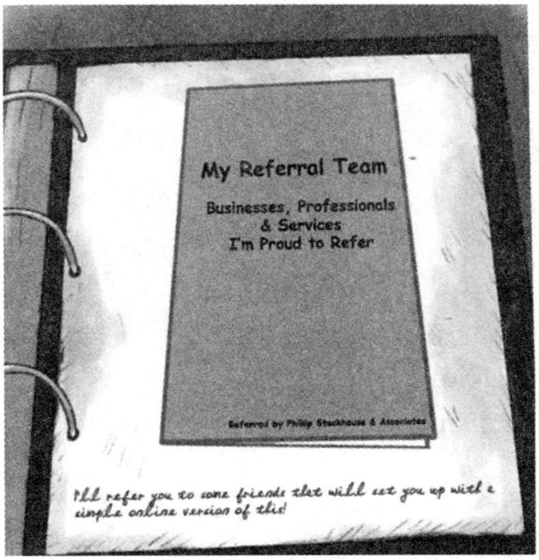

图 5－4

“你也可以做一个。事实上，你也应该做一个。那是当你赚钱他们也能赚钱的业务名单。对菲利普来说，那是他向客户推荐的会计或代理人。对希拉·玛丽来说，那是当她售卖房子时，要向客户推荐的主要销售代表、抵押贷款经纪人和承包商。其中还包括所有靠得住的商店——干洗店、便利店、餐馆——这些是你随时会告诉别人的商业机构。”

“通信录对每个人来说都是不一样的。高级顾问和企业家们的使用方法也不同。因为所有的任务都可以网上完成，你可以创建一支国内、州内或当地的推荐团队。我指导过的一些人已经建立全球推荐团队了。”

“菲利普很聪明，他把所有网上的页面打印出来并附上自己制作的封面，这样他就可以更好地解释他是如何通过推荐展开工作的，并介绍具有附加价值的推荐服务。这就是他和其他竞争对手的真正区别。你听听他是怎么解释的。”

“这些是我个人能推荐的所有企业和服务的详细清单，在网上也能使用。”菲利普在说道。

苏茜在想，本尼的咖啡馆、希拉·玛丽的房地产公司和保罗的汽车经销店是否都在里面。她马上就意识到，当然在里面。

这时，菲利普开始解释他的经营理念，即把关系放在第一位，在生活工作中融入黄金法则。他说他并没有花大量的时间和金钱在公众营销上，他把精力都放在了他所服务过的客户身上，他会定期给客户一些有价值的东西，还会为他自己和他的团队的持续学习进行投资，所以就能持续高效地为客户服务。苏茜立马记下笔记。

她尽量写快一些，努力记下菲利普的讲话内容，尤其是当他说如果他的员工可以以任何方式提供帮助时，说到了“尽管告诉我”。

“你们知道我是认真的，”菲利普提醒他们，因为他已经向他们展示了自己出色的工作能力了，“我唯一想让你们做的事就是：如果你们恰好有认识的朋友或伙伴需要我们的服务，你们可以考虑考虑我。我会像对待你们一样对待他们的。我之前也说过，这是我开展业务的方式。你们知道的，我服务过的最佳客户就是像你们这样的：有着相似的投资规模和相似的需求。”

苏茜放弃了。她实在写不了那么快，菲利普的内容实在不容错过，她还要担心是否能全部记下来。她只好听着。

菲利普自信地看着这对夫妻说道：“你知道，你们当初来见我，是因为我们的共同好友杰森在相互推荐我们，还记得吗？”

这对夫妻点了点头。

“你们也看得出来，是因为信任杰森才让我们联系在了一起。顺便问一下，你们认识的人中有人需要我的服务吗？”

“我们的好友约翰逊一家可能需要你的服务。前几天的晚上和他们共进晚餐时，我已经提到你的名字了。今天晚上我们一定会打电话给他们的。我们将他的号码写给你。”

苏茜简直不敢相信。他们为菲利普引荐了客户，而不是推荐——他所说的确实发生了！通过使用这一方法，他又多了两名坚定的拥护者——对他自己和企业来说，是能讲话的活广告牌。

海格伦德轻轻地俯下身，打开他的皮质公文包，从里面拿出了一张纸。他没有说一句话，打开了苏茜的笔记本并将那张纸夹在里面。他在图片下方写着："我将给你推荐一些朋友，会给你提供简单的电子通讯录。"

这时，海格伦德示意苏茜，他们该走了。随后，苏茜和海格伦德离开了咖啡馆，开始向前一天吃午餐的码头走去。

在苏茜撰写 250×250 名单的长凳前，他们停了下来。*自那天起，发生了太多事情，好像是发生在很久以前的事，*苏茜突然想到。

"我相信昨天这个地方对你很有帮助，苏茜，"海格伦德说道，"我希望你能再花 20 来分钟再写下两个目标。还记得怎么做吗？我转发了另外一个音频文件给你。请写下你未来 8～12 周的目标，把它当作已经完成的目标来写。我去给你拿一盘沙拉，同时你也可以享受轻柔的古典音乐，并写下你的目标。"

正午的艳阳驱散了清晨的薄雾，阳光洒向了波光粼粼的湛蓝色大海，此情此景让她明白了当初来到这儿的原因。她坐了下来，拿出笔记本，打开新的音频文件，将本子翻到用于写第四个目标的那页，开始写道：

目标 4

目标：按照情况，从第三层面进行交流。

目标期限：从现在开始。

完成日期 9 月 15 日和我所做的事：用真实的声音与所有客户和目标客户交流。

我所经历的：我增长了自信，因为在我的职业生涯中，这是第一次不用担心如何打动他人。因为我关注的是他们的需求，并保持真实的自我。他们也积极地响应我。

我的感受：有一种从未有过的幸福感，因为我不用再模仿他人。其他人也因为我的为人和我的做事方式接受了我。

让我开心的事：我经历了个人成长，我发现并运用了自己的能力，我也按照商业—关系型的方式沟通、思考和行动。我常常将关系放在第一位。我也找到了真实的自己。

我的伙伴和同事的看法：他们注意到了我的自信以及我管理企业的方式。他们开始经常寻求我的建议。在上周的全体销售人员会议中，我被评为最具号召力的代表。

我的决心：继续寻找交流的机会，并从第三个层面用我真实的声音进行交流。首先我仍然会积极地服务他人，然后再请求推荐，我也不再害怕向目标客户寻求业务。

目标 5

目标：在该方法中专业地体现我的风格，然后启动具有前瞻性的交流计划与我认识的人沟通和打交道。

目标期限：自今日起，为期 8 周。

完成日期 8 月 15 日和我所做的事：准备好符合这套理论体系和方法的一切——从我的名片、办公用品和邮箱到通讯录等符合我自身特点和新理念的材料。因为我一直努力在这一理论体系和方法中融入我的风格，现在我也能轻松地告诉别人我的业务主要来源于推荐。我也在生活中付诸了实际行动。在日常生活中，我告诉他人我会如何帮助他们以及他们该如何帮助我。这确实是个双赢的方法。

我所经历的：客户介绍了几个有资质的人，推荐团队推荐了两个。那些人让我吃惊，我曾经想拿下许多人的业务，这些人想知道我是怎么做到的。

我的感受：我在更真实地做自己。这是我人生中的第一次，我感觉到了真实的自己，因为我现在可以真实地做自己。我相信我的产品，也相信我的产品能惠及客户，我觉得我能以有效的方法与他人分享。

让我开心的事：充分利用产品的优势帮助他人，同时建立关系并享受关系所带来的益处。对于那些想要改变人生的企业家和决策者，我真的很期待能和他们分享海格伦德教我的方法。

我的伙伴和同事的看法：我获得推荐的方法以及使用这一方法的专业形象给他们留下深刻的印象。很多客户让我跟他们分享我的方法，这样他们就可以运用到他们的业务中。

我的决心：我向身边的人证明了我在身体力行，所以我能将这一方法真正变成我的方法。

时光飞逝。她还没意识到，海格伦德拍了拍她的肩膀，然后坐在她旁边听她读她的新目标。读完后，他什么也没有说，并给了她一个自豪的微笑，随后他站起身来，示意苏茜跟着他。

苏茜匆忙地把笔记本塞进背包里，站起身来跟着海格伦德。

“准备好学习原则 4 了吗?”海格伦德问道，但心里已经知道了苏茜的答案。

第 6 章

系统 × 如何才能留住客户

海格伦德和苏茜离开了海滨，从码头走了几个街区向兰彻贝尼西卡的小镇中心走去。

在路上，海格伦德说道："嗯，苏茜，你差不多到达通往终点的直道上了，你刚才写下的想法和目标证明你有着惊人的快速学习能力。在我们学习最后两个原则之前，你有没有什么具体的想法？有没有想说的话？"

苏茜犹豫不决，不是十分确定是否要告诉他内心最深处的担忧。现在海格伦德是她的导师，苏茜不想让他失望。不过既然他问了，苏茜还是说了出来。

"海格伦德先生，很显然，你用这个方法指导了很多人。你所讲的一切似乎都有道理。但是我觉得我最大的担心是，我多久才能看到结果？我觉得我有点害怕再次失败。我知道你的方法应该有用，但真的适合我吗？"

"我很欣赏你的坦率，苏茜。你需要真实地面对我和你自己。不过，请相信我——只要你相信这个方法，就会有用的。你已经认识了希拉·玛丽、保罗和菲利普。你的真诚和主动已经让你超越了自己，也让你与他们三个人开启了一段新关系。"

"说了这么多，你还记得我们第一次见面时我问你的三个问题吗？这就是这些问题如此重要的原因。"

苏茜点点头：“我是否准备好做真实的自己，我是否相信我的产品以及我是否能坚持到底?”

“没错。你能坦然面对你自己，你也确实相信你们公司的产品，我相信在接下来两场见面后，你会知道一切答案的。你也要相信自己，苏茜。你的真诚和主动已经让你超越了自己，也对你产生了帮助，现在你已经和希拉·玛丽、保罗和菲利普建立了合作关系了。”

“现在你只需要保持专注，坚持到底，并相信我的方法。所以，”他说道，又停顿了一会儿，“你准备好与充满活力的萨拉·辛普森见面了吗?她是辛普森系统公司的总裁。”

苏茜回头望去，她看见了一栋巨大的翻修的仓库，那扇具有艺术气息的金属大门上挂着一个写着“辛普森系统公司”的牌子。苏茜扬起了眉毛，看着这些高档的设施。随后她点了点头。

海格伦德为她打开了门：“记住，萨拉属于商业—商业型。她是个原则性非常强的人，要不然她也不能如此成功地运用我们的方法，不过她是当地最大型企业老板的女儿，她希望自己出名不仅是因为她是她父亲的女儿——而且还远不止如此。不过，她说我们的方法适合所有人，只要他们认识到自己属于哪种类型，意识到他们自己的独特能力并愿意接受这两点。好了，我们进去吧。”

他们走进了优雅别致的等候区。一个世界地图巧妙地嵌在辛普森系统公司的标志上，并悬挂在高高的天花板上。不过，海格伦德没有放慢脚步，他径直走到了电梯口，并让苏茜跟着他。他们进了电梯，按下了通往最顶层的按钮。

不一会儿，电梯门在行政楼层“嗖”的一声就开了。他们来到两名秘书跟前，从眼神看，两位秘书好像认识海格伦德，二话不说就将他们带到了位于办公室一角的私人会议室，这里能看到兰彻贝尼西卡海港的最佳景观，也能俯瞰兰彻的海崖。

这里就是萨拉·辛普森办公的地方了。海格伦德和苏茜进去还不到一分钟，萨拉就大步走进办公室——她的高跟鞋发出嗒嗒的响声，她那身定制的西装随着她的脚步像丝绸一样摆动。她身上流露出了《财富》500强公司高级主管的自信，她一看到海格伦德就露出了灿烂的笑容。

“大卫·迈克尔·海格伦德，你最近去哪儿了？你总是在奇怪的时间消失，然后又再次出现。我正要问本尼有关你的情况呢。这位应该就是苏茜·麦坎伯吧，就是你给予高度评价的年轻女士吧？你好，苏珊。”萨拉伸出了她的手。

有一瞬间，苏茜觉得，面对这位和她同时代的成功女性，她是应该用更正式更老练的“苏珊”这一名字。但随后她又想起她的力量是源于她真实的声音。她握住萨拉的手，并用力地握了握：“很荣幸认识你。不过请叫我苏茜。”

然后，企业及个人都引以为傲的萨拉就开始进入了状态。萨拉将他们带到光亮的椭圆形桌子旁，并招呼他们坐下，便开始了谈话，她所有的关注点都在苏茜身上。

“苏茜，大卫已经把你的具体情况告诉我了。在接下来的两个半小时里，我想让你深入了解下‘建立关系计划’——它是如何对我们起到帮助的，它产生的结果以及一套系统的、有计划的交流方式是如何起作用的。在此之前，我想先让你了解下我学习将关系放在第一位这一方法前我的情况。”

萨拉安排好了所有计划，苏茜现在终于明白了商业—商业型的人是怎样的人。

“听起来是个非常不错的计划，萨拉。”苏茜热情地说道。突然间，她非常想知道这么明显受商业驱动的人是如何真正建立关系的。看起来她想寻个究竟。

“我26岁接管了这个企业，”萨拉靠在黑色皮革椅子上简洁地说道，“我父亲去世时，我承受着多方面的压力——我感到失落、渴望成功以及想要帮助母亲走出困境——但最主要的是，我想向世界证明山姆·辛普森的女儿也能靠自己撑起一片天。我每天起早贪黑地工作，赢得了公司的充分认可。我对工作很执着，简直都要把员工逼到崩溃的边缘。一个商业决定的好坏取决于顾客的多少，如果顾客数量达到我的预期，我就不会责备他们。我的销售人员的工资在我们行业里是最高的，但是只要他们不放弃，我都会鼓励他们。我的收入在持续增长，我也收到了同行的褒奖，让我倍受鼓舞。尽管我的收入有所增加，但利润却很低，因为我没有与无法沟通的顾客继续合作，他们没有忠诚度可言。”

她看了一眼海格伦德：“五年前，我走到了事业的分岔口。那时我遇到了大卫·海格伦德，是我父亲最好的朋友保罗·福扎克将我推荐给他的。他不辞辛劳地从纽约布法罗赶来看望我和我的家人。父亲的朋友从小就认识他也把他当成兄弟。他来到这里的真正目的是为了看望我，因为他和父亲关系很好，他常常让我想起我的父亲。他从商业角度和个人角度向我说明了父亲是个怎样的人。”

她停了下来，盘起腿，用一只手将裙子捋直。“你看，我知道了为什么从一开始就有很多人帮助我。都是因为我父亲的良好声誉。”

“尽管他在商界和所有成功人士一样都有过艰难时刻，但是当要帮助别人度过危机，尤其是别人在商业上存在危机时，他会放下手中的一切，全力以赴地帮助别人。多年前，在我还小的时候，海格伦德曾帮助过父亲，父亲的朋友觉得我应该见见他。我的人生发生了巨大的转变，还包括我的企业——当然这也是我的生命。所以当他打电话问我能否花几个小时和我聊聊时，我几乎等不及这个机会——把这一切方法传递下去的机会。”

"我真的非常感谢你能介绍自己的背景，萨拉。"苏茜意味深长地说道。

萨拉站了起来，探着身子："好吧，苏茜，我们言归正传。目前你已经知道了客户群的终身价值；把关系放在第一位；250×250列表的力量；如何建立并识别你的完美客户化身；如何将数据库归类；如何指导你的员工、你的影响圈和你的客户或朋友；如何恰当地进行交流；最重要的是，如何帮助他人。换句话说，如何将黄金法则运用到商业中。"

"我们来谈谈这一方法，使你获得向你认识的人打电话的'通行证'，在谈论到新旧商业机会时，能随时探讨如何帮助他们。这就是原则4。"萨拉继续说道，"那就是'保持沟通、亲自沟通、系统化沟通。'"（见图6-1）

原则4：保持沟通、亲自沟通、系统化沟通

图6-1

苏茜赶忙打开了笔记本。

"不错，"萨拉看向笔记本笑着说，"我记得这本笔记本。里面有你的行动计划、你下一步的计划，是你的'命根子'。一刻也不要忘记它。保持联系意味着持续不断的沟通，每个月你的客户和影响圈内的人都能收到你的信件，并突出你的个人品牌。根据分类名单说不同的话，列表上的每个人都能在每个月得到联系。你的 A 类人需要得到你的特殊关照，每个月都要收到你的亲笔来信。每个人都要有确切证据证明你是将关系放在第一位的。”萨拉笑了起来，“假如你在法庭上因为你们有关系而判你罪名，而这些信除了传达好意外，还是表明心意的有形证据。”

她停了下来，突然若有所思地说道：“你知道的，这一计划和当前大街上的有针对性的营销方案一样强大，因为它是永久的，并能不断积蓄你与客户、同事间的联系。这样你就不需要与他们谈六七个月了。当然，你的 B 类人和 C 类人也会印象深刻，因为当你打电话给他们时，他们觉得你每隔一周就会和他们沟通——因为你能亲自和他们保持沟通，简直太棒了。”

“今天早上我还听到了‘尽管告诉我’的有关内容。”苏茜主动说道。

“太棒了。这听起来就很真实。当你真正坚持这么做时，你就不难告诉别人：‘我是否能以任何方式帮助你，请尽管告诉我。如果你有任何朋友或伙伴需要我们的服务，尽管告诉我他们的名字。我承诺能像对待你们一样对待他们。’”她继续说道，“这种表述意味着两种不同结果，取决于你是怎么对待他们的！如果他们最近没有收到你的来电，近期与你也没有业务往来，这段话听起来就很自私。只有你能很好地对待他们，你做出的承诺才会有效果。”

“不过，你会发现，当你每个月都寄东西给他们意在建立关系，并以你的方式帮助他们时，你就不会被认为是自私自利的。他们也会接你的电话。最好的结果是，人们会将他们朋友的名字告诉你。为什么？因为他们信任你。这个计划也能磨去像我这种顽强的女企业家的棱角，因为它很专业，我能够展现我所在乎的东西。我也这么做了，但是是用我自己的方式来做。”

“确实是个很好的方法。”苏茜说道。

“但是，你知道吗？这个计划不仅对我有帮助，对于企业来说也是个最佳选择，因为我不需要每个月为获得新客户而重复做一些工作。老客户也会不断寻找途径与我们合作，我们的A类人对我们来说是一股强大的销售力量，因为他们是我们最大的支持者。让他们真实地告诉全世界有关我们的信息，就像在《纽约时报》艺术休闲版块上查看免费的餐馆评论，而不用支出非常昂贵的报纸广告费用。等你见到珍妮，她会告诉你如何通过建立社会认同来合理使用数据库。明白吗？”

“当然明白，但是我还有几个问题要问。”苏茜边说边看着她之前和菲利普的会话笔记。“我应该给我数据库中的人寄些什么呢？”她问道，“我的意思是，我应该将有关我的产品和服务方面的信息寄给他们吗？我应该寄打印稿还是给他们发电子邮件或是使用社交网站？”

“问得好，苏茜，”萨拉说道，“这些问题一开始也困扰了我。首先，当有人问我在业务交流中发送电子邮件和邮寄普通信件哪个更好时，我喜欢这样回答：同时使用两种方式。科技更新换代很快，我们要跟上脚步以免被甩在后头。如果有一种或多种社交平台对你的业务有帮助，无论如何都要使用。原则4中的关键词就是‘系统化’。我们有个CRM系统，全称是客户关系管理。我们还有个更复杂的营销平台，融合了我们的CRM系统。”

“而且，我们还有双边交流策略：一个是针对网上建立的新目标客户，主要是通过我们的CRM系统和营销平台来管理；另一个是针对我们的客户和同事，你知道的，我们赚钱时他们也赚钱，该方案能帮我们建立关系并获得推荐。我们把这一策略称之为建立关系计划。我们有一个应用程序是基于CRM系统的，能分类管理我们的关系。”

“针对你提出是使用邮件或网上交流还是使用打印版的问题，我的答案是两者都用。”萨拉回答道，“我觉得打印的信件可以留下更持久的印象，而不像电子邮件或博客那样容易被删除。由于各种垃圾邮件和拦截软件，我们还要选择发送的内容和发送的方式。然而，我们还有各类平台上的活跃用户，还会放上公司新闻、图片和视频供我们整个数据库人员浏览，同时也供普通大众使用。”

“所以你需要邮寄很多印刷资料吗？”

萨拉摇摇头：“你一定会感到惊讶的，因为大部分的印刷资料都和我们的实际业务没有什么关系，都是一些与建立关系有关的东西。而我们印刷的资料通常做得很专业，内容翔实——所有资料设计精致，只为留下持久的印象。但关键在于，当我的销售顾问与目前正在和竞争对手有合作或者是仍不打算与我们合作的新联系人建立关系时，最后要做的事就是不断向他们灌输我们的产品信息，或提供印刷品或发送电子邮件，尤其是他们说了想要考虑考虑后。建立关系计划所起的作用在于能让我们的名字留在联系人列表之中，通过让我们的人员和品牌有‘露脸’的机会来建立关系。建立关系计划，可使用云端式也可以使用打印式，能让我们的销售人员打通跟进电话。”

“就像我之前所说的，我们的CRM系统和关系管理程序能帮助我们开展业务沟通并提供一些有附加价值的材料。在客户的购买周期内，我们会在他们所在的地方见到他们，稍后我会解释。”

“我们的建立关系计划结合了个性化邮件和教育内容，主要针对我们创建的各类群体。我们的印刷材料包括个性化节假日贺卡和激励性贺卡，比如我们的引用名言系列。”

“引用名言？”苏茜问道。

“是的，在卡片上附上精彩的名言是很有效的，你会将这一卡片放在桌子上或贴到墙上——引用的名言太精彩，你都不舍得扔掉。就像下面这条。”萨拉递给苏茜一张贺卡。

苏茜大声朗读着并大笑了起来：“‘大多数人与机遇擦身而过，是因为机遇穿着工装，而且看起来像工作——托马斯·爱迪生。’我喜欢这句话。”

萨拉回应道：“对于我们的建立关系计划，我们主要是想‘顺利地’搞定下一通电话。或者用你刚刚听到的术语——让员工得到方便打电话的通行证。留下专业的印象后，我才能开展个人层面的业务。我们需要一个系统化的方式来完成该项任务。”

“很多公司仅局限于给他人发送有关他们产品或服务的信息，却从来不从个人层面跟进，”萨拉继续说道，“你最后一次浏览你会计的简讯是什么时候？如果对方问过你，也花了时间和精力与你建立个人关系，你也许会推荐他。就像我说的，给他们留下专业印象之后，才能展开个人层面的业务合作。你不能完全依赖技术系统。即便你不想工作，系统也会对你起到帮助，能让你更加具有创造性，而不是让你更加焦虑。在一天结束时，就是你和你的目标客户建立关系和成交业务的时候了。这么说能理解吗？”

“当然能理解，”苏茜说道，“不过，它对于你们这样的大公司，似乎可行性更高。我自己应该怎么做呢？像我这样的人该如何制定计划，以及如何确定每个月都要寄些什么东西呢？”

萨拉思考片刻：“这个问题非常不错。答案是该计划和其他良好的营销方案一样——都需要提前一年制定。除了给你的A类人送一些特殊的礼物，你已经知道了各种节假日或者重要事件的时间。我建议你花时间设定一个基本的交流计划，可以由合适的外部承包商来处理，但是你在付诸实践前都不要松懈。明白了吗？”

“我想……我明白了……”

“我会解释的，”萨拉说道，“我们主要把它分成两个版块：第一，打印版或电子邮件市场推广，可以看作建立关系计划。第二，感谢计划。”

“感谢计划?”苏茜看起来有点困惑。

“嗯，感谢计划，”萨拉又说了一遍，“这是个很简单的系统，我们公司的员工都可以访问。你也可以使用。我们可以为客户提供好、更好、最好三个系列的礼物，可以随时作为我们关注客户的切实证据。这个计划是联机的，与我们的数据库相连，处理时间不超过60秒。公司里所有人都有一定金额的预算用于表示感谢。我们也在尽量推广我们的感谢计划，而且反响不错。事实上，我们办公室有一面墙，我们称之为‘荣誉墙’，我们将客户和供应商的反馈贴在墙上。”

“真的吗？表示感谢的小礼物就能将你和客户联系起来?”

“我给你举个例子，”萨拉说道，“有一天，我给我的朋友推荐了我的推拿医生。按摩过后，医生告诉我的朋友：‘感谢萨拉的推荐。’当我的朋友告诉我推拿医生的感谢时，我觉得非常开心。这就是我过去经常使用的方法——我们都采用这种方法。”

“这有什么问题吗?”苏茜问道。

“哦，通过我的朋友收到感谢，我感觉非常不错。我也很开心能提供帮助。但是，从他的业务角度考虑，他本可以做得更多——他也能更轻松地获得更大影响力。他所需要的就是一个简单的系统，然后走到助手身边并告诉她感谢我的推荐，60秒后一些实际礼物就会发往我这儿，比如礼品篮或一束花。他只需要知道我的联系方式，由于他已经有我的联系方式，他就只要在网上的上千家礼品供应商找出一家就行——这一切操作起来都很简单。”

“而我则会觉得很惊讶、印象深刻并对他的感谢心存感激。他怎么会送这么奢侈的礼品？想想看，”她说道，“他每年能从我朋友身上赚取1500多美元，但他不需要花一分钱打广告，来说服客户自己是小镇上最好的推拿医生，因为我向我朋友推荐他就说明了这一事实。来分析下数据。1500美元的费用只是他从每个顾客身上赚到的平均值。你觉得送礼品篮作为投资，对于好的业务有没有意义？会不会鼓励我推荐更多的人？对于我这种商业—商业型的人来说当然如此。”

苏茜有些胆怯地回答道：“我也不知道怎么说。因为当表达感谢时，我所做的也没有这个推拿医生做得多。事实上，我从来没想过这么做。我现在明白了，但48小时之前我并不知道。”

萨拉微笑着点点头：“我完全能理解。记住，正如我提到的，你集中建立你的系统并着眼于整个计划时，你很快就能得到一些非常棒的效果。因为你能让系统自动运转、全天候运转，就像我说的，就算你不理会，系统也能工作。我们将所有计划、打印资料或派送感谢礼品的事外包出去。本地的商家提供了许多服务，会为我们设置个性化的礼物，我们也会在适当的场合使用这个服务；而且，你上网搜索，很快就能找到各类不错的礼品。”

苏茜看着海格伦德：“你的意思是，有公司帮我制定并派送个性化的礼物？”

海格伦德点点头：“如果你需要，就有公司提供服务。你可以根据公司的需要制定个性化礼物。”

这时，萨拉举起了两张设计精美的海报，上面有着辛普森系统公司的标志：第一张海报上，直接在公司的名字下写着大写加粗的字“建立关系计划”；第二张上的粗体字是“表示感谢!”。那张“建立关系计划”海报写的是一年十二个月的联系建议；而另一张“表示感谢!”的海报则是辛普森系统公司的承诺和政策，介绍的是公司员工如何以看得见的方式向每天联系的人表示感谢。苏茜特别注意到有关贺卡的建议。

以下是两张海报的样式：

辛普森系统公司

建立关系计划

1月	新年贺卡
2月	名言贺卡
3月	个性化简讯
4月	春季贺卡
5月	纪念日贺卡
6月	个性化简讯
7月	独立日贺卡
8月	名言贺卡
9月	个性化简讯
10月	名言贺卡
11月	感恩节贺卡
12月	节日贺卡

辛普森系统公司

表示感谢

我们保证向客户、合伙人、供应商和同事展示我们表达感谢的切实证据——定期、从不间断。我们把关系放在第一位!

- 所有一线员工每个季度都能获得500美元的预算，可以在他们觉得适合的时候向客户表示感谢和用于加强需要立即给予关注的服务关系。

- 公司和团队成员都要知道整年里需要送礼物的精确时间。保证不要错过这样的时机。要富有创造性，通过提供出色的客户服务和适当赠送有价值的小东西，使礼物显得很有创意并给他们留下持久的印象。

- 在既定的日子能立即以实际的、个性化的方式表扬推荐人。

- 与被推荐人谈成业务合作时，要立即以更实际的、个性化的方式表扬被推荐人。

- 供应商和合伙人提供了出色服务时，要立即以实际的、个性化的方式给予适当表扬。

- 所有团队成员应保证在展示出个性、诚信和卓越时，立即以实际的、个性化的方式给予相互表扬。

萨拉递给苏茜一张信纸大小的海报复印件，苏茜立即将它放到笔记本里。

“我们的销售人员会做个演讲，主要讲解我们对于顾客的终身价值，以及我们如何继续为他们提供服务。”萨拉继续说道，“然后，我们会根据这两份材料送给他们感谢礼物，效果很不错。我们是行业佼佼者。”

“以下才是关键，苏茜，记住这点，因为它真的很重要。告知客户是关乎你自身和你对他们做出的承诺，在你第一次展示时，就要告诉他们你的业务是受他们的推荐影响的。你在第一次见面时并没有寻求他们的推荐，但是你努力兑现诺言后，你就要寻求他们的推荐。”

“我不在乎你所从事的行业是什么，”她补充说道，“这一切都归结于关系。当然，你的交流计划可能会有不同的叫法，重新想想你寄出的物品，但是一切还是要保持始终如一和持之以恒。记住我所说的，给别人留下专业印象之后，再开展个人层面的业务。有了合适的方法和正确的措施，结果自然不错。”

苏茜看了看发给公司的 ABC 数据库客户的各种不同类型的资料节选，其中包括个性化简讯，上面有有关个人健康、成功、家居、技术和家庭的专栏文章，还有一系列精美的个性化贺卡。所有的东西都是精心设计的，制作也很精美。“不过，这些设计都有企业特色。”苏茜说道。

萨拉笑了起来：“你期望从像我这样的商业—商业型的人身上得到什么呢？根据你的性格，来决定适合你自己、你的业务类型和你的客户的礼物。你应该搞清楚自己是什么样的人，真实地对待客户，并按此计划你的设计方案。”

“是的，我设计自己的交流计划，这些计划能反映我的性格。”苏茜自信地说道，“作为一个商业—关系型的人，我喜欢你交流计划上呈现的专业的外观；但是我希望我的交流计划还能呈现出个人层面的联系。”

“你说对了。但是，请恕我直言，一定要确保有外在承包商帮助你们实施交流计划，例如发送贺卡或简讯。把大量时间都投入到这些事上是不明智的。我建议你可以按照我的方法来做。我运用了二八法则：我花80%的时间在客户和目标客户身上，然后抽出20%的时间参加其他活动。”

“选择合适的承包商，将你的名字印在产品上，使用电子邮件或将数据库交给你的虚拟助理来管理，能提高你的工作效率。这样你就能专注于自己最擅长的事，也能让你顺利开展业务。你觉得有道理吗?”

“是的，事实也是这样。”

萨拉补充说道：“有了简单的十二个月计划——当然每年都在改变——你可以将精力放在建立新的关系上。如你所知，关键在于将你的C类人变成B类人，将你的B类人变成A类人!”

“在我分析由数据库中的客户提供的业务报告时，结果振奋人心！每个客户的业务量在匀速增长，因为这段关系建立起了信任——因为客户的推荐，我们在寻找新客户上的成本极低，而过去常常需要在营销方面投入大量资金——太不可思议了。”她又坐回了椅子上，激动地举起了她的双手。

“感觉你很开心。”苏茜说道，对着热情洋溢的萨拉笑了起来。

“这么说吧。我们过去常常采用广撒网的营销策略，使用所有一切可能使用的广告和营销方法。现在，我们集中精力建立并维护关系，以获得不错的营销效果。”

“商业—商业型的人就是这样说话的!”海格伦德笑着说道。

“听起来好像需要很高的费用。”苏茜说道，并在脑子里琢磨她该如何开始她的计划。

萨拉停顿了一会儿：“苏茜，我就直说了。在企业上投资就要产生费用。你觉得如果我的推拿医生也投资这样的系统，他是不是就能找到更多客户并每年都能从他们身上赚到 1500 美元？”

“的确如此。”苏茜说道，此时苏茜已经抛弃了她那老套的想法。

“你说对了！”海格伦德大声说道，“现在，将苏茜介绍给你的销售员工吧，看看这个系统怎么运作的。你说呢？”

萨拉站起身来，海格伦德和苏茜也站了起来。“事实上，”萨拉说道，她朝门口走去，“我们刚好在给一些新员工开一个销售和客户服务会议。我们的经理正在解释‘尽管告诉我’的含义以及我们该如何介绍‘建立关系计划’，我们去听听吧。”

他们走进培训室时，所有人都注意到了他们。萨拉示意她的团队继续，又接着安排海格伦德和苏茜坐下并坐在他们旁边。

经理刚开始讲解。他简要介绍了公司对其终身客户做出的承诺。他播放了一个公司的视频，视频里展示的是该公司总裁告诉他们的销售团队，他们刚刚失去了最大最老的客户，因为他们过于依赖技术，失去了个人联系且没有把客户放在第一位。总裁便给他的销售人员一项任务，让他们重新联系曾经服务过的客户。当其中一个人问公司总裁，他要去哪里时，他只是简单地说他要会见一个老朋友，也是他们已流失的客户。

视频结束后，这位经理开始说，这是他们竞争中所面临的情形，因为缺乏私下联系造成客户流失。随后他说道，这种情况在辛普森系统公司永远都不会发生，因为他们有“建立关系计划”和“表示感谢！”计划。

“我们有句话，差不多是我们的口号。”经理说道，“它就是‘尽管告诉我’。它的意思是，如果我们能以任何方式帮助我们的客户——不论是什么方式——我们都要随时提供帮助。公司已故的创始人山姆·辛普森经常帮助客户，我们的总裁萨拉·辛普森决定继承这一传统，不仅是在口头上而且在实际行动中也要体现这个传统。下一部分比较容易，即让客户推荐他们的朋友和同事，并承诺我们会像对待他们一样对待他们的朋友和同事。”他停顿了一会儿，又斜靠在讲台上，“当然，如果你没有很好地对待他们，你说的话就会适得其反。”他们都笑了起来。

他继续反复强调“建立关系计划”和“表示感谢!”计划，向大家展示着荣誉墙，解释专门用于感谢客户的员工预算。苏茜所听到的一切与萨拉刚才教她的一模一样。到他们离开时，苏茜已经将今天一天所记录的笔记重温了一遍。

离开会场时，苏茜重新感觉到了自信。她注视着萨拉的眼睛，感谢她能抽空分享。

“苏茜，”萨拉说道，握了握苏茜的手，“如果你改变了想法，想要了解技术领域，请给我打电话。还有，如果我可以以任何方式帮助你，尽管告诉我!”萨拉露出了灿烂的笑容，她便转身回去工作了。

苏茜和海格伦德离开这栋楼时，苏茜对萨拉·辛普森的所说的一字一句都坚信无疑。

“哇!”苏茜感叹道。

海格伦德笑了笑：“正如我开始说的那样，萨拉·辛普森证明了这个理论体系和方法适合所有听到过的人，不论他们的风格如何。”

“这就是真理。”

“好了，时间不早了。”海格伦德看着他的手表说道。

“不过，我学到了很多东西!”苏茜说，其实有点不舍得她的导师这么快离开。

“数据转储吧，”海格伦德同意她的说法，“事实上，你已经在一天内学到很多东西了，不用再学习别的了。”

“啊，我可不这么认为。”苏茜笑着说，“我学得快!”

这让海格伦德大笑了起来：“我看出来了！我很喜欢这点。但是我希望你能慢慢来，思考一下最后一条原则以及它对其他原则的影响。回家后完成目标 7。”

“明天早上 8 点整，我们在咖啡馆见面，我们开始新内容之前会先回顾一下已学内容。”

“然后呢？”

“那是你最后的学习部分。我们把最好的都留在了最后。你会见到珍妮博士，她会把所有的东西都告诉你。然后写下最后一个目标，你将开启人生的新篇章。”海格伦德两眼炯炯有神地说道。他挥挥手，匆忙离开，转眼就消失得无影无踪。

苏茜在那里站了一会儿，看着他离去的方向，她看到的却只是前方的海港。除此之外，则是海水和海平线。

她匆忙赶回家，做了晚餐，并坐在桌子前写下她的第七个目标：

目标 7

目标：在接下来十二个月，实行“建立关系计划”和“表示感谢!”计划。

目标期限：自今日起，为期 12 周。

完成日期 9 月 15 日和我所做的事：雇用了一名虚拟助理，为我联系了当地公司以实施建立关系计划。我已经挑选了 12 种最适合我业务和个人风格的礼品，每个月可以送出一种。预先写好了内容也准备好了要送的有价值的小礼品。我的每种沟通方式都附带一个小样品，以向那些对我产品和服务感兴趣的人展示我是如何开展工作的。我也准备好展示我建立关系的方法，以及如何将关系放在第一位并寻求推荐的。

我所经历的：通过我的方法，获得了很多的积极响应和相关业务。这在几个月之前是令人难以置信的，因为我之前并没有一套适合我的行动计划。

我的感受：我对自己付出的努力和执行计划表现出的自制力感到骄

傲。我获得了成就感和信心，因为我完成了计划还获得了新业务。

让我开心的事：新的虚拟助理和外包商帮我管理这一计划，而我则花时间用我的产品来帮助其他人。

我的伙伴和同事的看法：我制定的“建立关系计划”和“表示感谢!”计划以及它们所产生的影响力让同事们震撼。另一方面，我很高兴我能做真正的自己，而不是努力成为他人的样子。

我的决心：继续使用海格伦德的方法并坚持下去，这样我就可以集中精力做我喜欢的事情——服务我的客户，帮助他们实现商业目标和人生目标。

她放下了笔，走到阳台上，温暖的微风吹拂着她的脸颊。夕阳西下，黄昏来临，但不知何故，她感觉有新事物在她的生活中慢慢展开。这种感觉太美好了。

第 7 章

认同

×

全民口碑的强大力量

太阳升起的时候，苏茜看了看她的手表。她意识到她在8分钟内完成了最后一英里的晨跑，露出了微笑。她转进了那条主街，放慢了脚步调整呼吸，享受着她最喜爱的海景。这天早晨看起来完全不一样，更加充满生气。这会儿仍然晨雾弥漫，除了她的跑鞋轻拍地面的声音，周围一切都格外的安静。

她心想，她已经很久没有在8分钟内跑完一英里了，于是开心地笑了起来，她发现跑步结束后比前几天更有精神了。她感到非常开心，已经做好了开始这一天的准备，也希望自己能将学到的东西付诸实践。

50分钟后，她又轻快地走在主街上，看着她的左侧，享受着美丽的海景。晨雾渐渐消散，她短暂停留了一会儿，闭上眼睛深吸了一口气，然后继续前行。她检查了下自己的背包，摸了摸她的笔记本，很期待能和海格伦德分享她的最新目标。

同前一天一样，她走进咖啡馆时，海格伦德已经到了。这会儿他正坐着专心阅读着晨报，然后抬起了头。

“早上好，苏茜！”他说道，“你准备好学习今天的内容了吗？”

“当然准备好了，简直是迫不及待！我时刻准备着。”

“太棒了。点杯咖啡吧，我来看看你制定的最新目标。随后我会简要说明接下来你要学习的内容。”

10 分钟后，两个人已就座，桌面上摆放着咖啡杯、报纸和苏茜打开的笔记本。和前几天一样，海格伦德浏览了苏茜制定的目标，赞许地点点头。他抬起头时指着她的笔记本。

“你做得真棒，苏茜。你真的是全力以赴在做。所以，你有什么问题要问吗?”

“有，大卫。昨天萨拉的方法给我留下深刻的印象。显然，她能自如应对新技术，也知道怎么结合你的方法。但你是如何应对不断变化的技术的呢？这些变化对你所教的理论体系和方法有什么影响呢？我的意思是，感觉几乎每天都有人在谈论最新、最前沿的企业应用程序。”

海格伦德笑了笑回应道：“问得好，苏茜。答案很简单。该方法的关键只有一点，且仅有一点。那就是把关系放在产品和服务之前，把你所认识的客户以及合作的客户的需求放在自身需求之前。”他张开双手继续说道，“我指导这一方法很久了，在社交媒体以及‘云计算’和‘社会认同’等术语出现之前就这样指导了。”

“正如我昨天和你分享的那样，该理论体系和方法之所以能让事业成功，是因为它是基于普遍规律和伟大戒律的，或者更通俗的说法——黄金法则。工作和生活中的一切都在不断地变化——除了关系的力量。”

海格伦德将身体前倾，放低了声音说道：“是这样的，苏茜，我是个终身学习者，随时准备接受新观念，只要它们和我的理论体系相符。如果某个新方法能服务我们的客户，能对他们产生价值并把关系放在第一位，我完全会采用。我的方法是基于原则，而不是基于过程。”

苏茜回答道：“我明白了。如果我的方法、技术或任何东西发生了改变或要做出调整，而我能把关系放在第一位，这个原则仍然适用。”

海格伦德笑了起来：“不久后，你也会用这一方法指导别人。你说得对！”

他将笔记本对着苏茜，翻到了原则5的那页，继续说道：“今天，你将见到珍妮·霍根博士，她会给你提供一些独到的见解、在社交媒体中能用到的方法并告诉你如何建立自己的社会认同。社会认同中重要的一点就是你最满意的客户的推荐，以此鼓励你的潜在客户购买你的产品。”

“正如我们刚刚提到的，该原则能很好地说明我们该如何使用新技术和新观念，以进一步深化你所学的理论体系和方法。我之所以把这点留到最后，是因为珍妮是个善于交际的人，她分享的原则5能帮助你将被推荐人变为新客户。”

“珍妮的社会学博士学位以及企业市场中的工作，都是以如何询问正确的问题为基础的，并以此获得正确的、可用的和可量化的数据。‘可量化’一词在这里是关键词，苏茜。你会发现大多数公司都是依赖坊间数据和最佳测定数据的。”

“你从珍妮那里学到的观点和方法能增加你的推荐人，也能增加目标客户转换为客户的比率。”

苏茜身上已经没有两天前消极的肢体动作了，她满腔热情地回应道：“我迫不及待想见到珍妮博士了。”

“嘿，我是不是听到有人叫我名字了？”珍妮站在苏茜身后，面带热情的笑容。

海格伦德立马站起身来并给了珍妮一个拥抱：“见到你真是太开心了，珍妮。你准备好和苏茜分享原则5了吗？”

珍妮面向苏茜，伸出了她的手，珍妮立即回应：“当然了。社会认同是任何时候的销售力量。充分利用客户评价、案例研究和网络评论——社会认同所有的关键部分。苏茜，很高兴见到你，也很荣幸能与你分享我所知道的东西。”

苏茜站了起来："珍妮博士，见到你才是我的荣幸。"

珍妮回应道："非常好，苏茜，不过我的朋友都叫我珍妮。"海格伦德笑了笑，准备暂时离开一会儿："享受你们的时光吧，女士们！中午我会在珍妮的办公室与你们俩碰面。"还没等她们回话，他就走到了门外。

珍妮又转向苏茜，说道："我先找本尼点单，我们可以坐在外面，谈话时还可以感受美好的早晨。找张桌子，我马上就来。"苏茜看到自己最喜欢的那张桌子还空着，笑了起来，然后向那张桌子走去——这张桌子放在大伞下，这里能将海景尽收眼底。她放下咖啡和背包，拿出了笔记本，暗自沉思："太完美了。"

此时珍妮走了过来，手里拿着加半泵巧克力且另加鲜奶的中杯摩卡，她还拿了两个碟子，上面各放有一块烤饼。她笑着说，"我无法抗拒巧克力片烤饼。它们对我大喊着：'吃我呀，快来吃我！'为了减轻负罪感，我给你也拿了一块。"

苏茜回应道："谢谢你，珍妮，你也是个能读懂他人心思的人。"

珍妮再一次笑了起来，继续说着："有些人也这么说，但其实我只是个不错的研究者和观察者。我属于关系—商业型，骨子里还是个学者。事实上，通常每天早上我到达这里之前，巧克力片烤饼就售完了，但是人们不用学习社会学就能发现这点。"

"我们切入正题吧，苏茜。海格伦德已经将你的情况告诉我了，当然，我知道你已经和其他四位见过面，他们也与你分享了前四条原则。我的问题是，你现在感觉怎么样？你觉得你自己掌握了所学的概念了吗？"

苏茜感觉，她和眼前这位女士像是多年的朋友。她自信地说道："当然了，珍妮。事实上，在我见到他们之前，没有听到他们的故事关于如何将方法运用到他们事业中之前，一开始我可能会觉得这个方法很简单也很基础。但他们都是海格伦德的理论体系和方法起作用的鲜活例子。真正开阔我眼界的是，他们都来自不同地方：他们有着不同的事业、技能和困惑。”

“并且，海格伦德的理论体系和方法对他们都起到了作用。每个人也给该方法另外附加了内容，从而符合自己的个人风格和事业。”

“说得好，苏茜，我很欣赏你的坦率。我初次见到海格伦德时，也不是像现在这么成功的。是这样的，我在大学里当了15年老师，社交媒体已经变得流行了。由于我从事的社会网络研究、撰写的文章和每周发的博客，我多次受邀在社交媒体会议上发表演讲。我也不断接到某些公司打来的电话，他们想聘请我。”

“我在学术界游刃有余，但是说实话，每当和公司主管合作时，我觉得自己像一条跳出水面的鱼。当他们开始提及要聘请我并给我支付薪水时，我感到非常紧张，我想逃回课堂。直到我被推荐给海格伦德，对我来说，他就像吹来的一阵清新空气。他的一言一语和方法才成就了我的辉煌。因为他，我才没有回到学术界。”

“情况是这样的，苏茜。我在一个南方小镇长大，那里的人口不超过1000人，我的父亲则是当地的银行家。除了理解了海格伦德的方法背后的道理，我也是看着我父亲在他整个职业生涯中践行着黄金法则。老实说：如果你想要在生意场上生存下去，就不要按照自己的模式干扰小镇上的大多数人。”

珍妮开始大笑起来，苏茜也跟着笑了起来：“苏茜，帮我个忙，把你那块烤饼吃了，它就不会对着我大叫了。”她们又同时笑了起来。

“黄金法则是我父亲的人生准则。他曾告诉我：‘珍妮，亲爱的，你为自己做的事情会随你逝去，而你为他人做的事情会永远存留，因为那些是你的遗产。’父亲为我们留下了遗产，他受到了所有人的爱戴。我能有今天是因为我想跟随他的脚步。也因为他，我非常相信海格伦德的体系和方法，我极其肯定他的方法也能帮助你！”

“谢谢你，珍妮。我很期待某一天我也能帮得上你。”苏茜回应道。

“你已经在帮助我了，苏茜。因为你在吃烤饼！”她们又同时笑了起来。

珍妮抹了抹眼睛，向前倾着身子说着：“好吧，开始今天的正题，将前四个原则联系在一起，并谈谈第五条原则或者说最后一条原则吧，那就是‘社会认同是任何时候的销售力量。充分利用客户评价、案例研究和网络评论’。”（见图7－1）

“如果你在网上搜索‘社会认同’，苏茜，你会发现它还指的是信息型社会影响。这是一种心理现象，人们在做决定时，会采取别人的行为模式，这是为了表现出恰当的行为。”

原则5：社会认同是任何时候的销售力量。充分利用客户评价、案例研究和网络评论。

图7－1

“我给你大致描绘下社会认同是如何作为一种任何时候的销售力量对你产生帮助的。你在网上买过书吧，对吗？”

苏茜回答道：“很多次了。”

“当你看到某一话题下的某本书，下方有100条五星评论，你很可能会买这本书，而不是买相同话题下只有五条评论的书，对吗？”

苏茜回答：“是的。”

“这也是同样的原理，那100个人买了这本书，并将这本书推荐给你还告诉你应该购买本书的原因，而不是购买那本只有五个人推荐的书。简言之，研究表明，如果你得到了至少25条积极评论或25条可见的积极客户评价，你就会有购买欲望。社会认同现象就是采取和100个评论者一样的购买行为。同样的原理也适用于你的工作。”

苏茜轻轻地摇了摇头：“我从来没有这样想过这个问题，不过确实很有意义。但我有一个疑问，珍妮，我没有冒犯你的意思，”苏茜指着她的笔记本谨慎地说道，“你说的我都能理解，但是社会认同，像这些正面评论，符合将关系放在第一位以及通过数据库的人获得推荐这条原则吗？”

“问得好，苏茜。”珍妮说，“海格伦德把基于社会认同的第五条原则添加进来，其理由是很明确的。首先，我们在定义社会认同时，是以可量化数据为基础的，社会认同是在我们做出选择前，你我都想得到的信息类型。要让社会认同对你的目标客户起作用，就要融入黄金法则。己所不欲……”就在这时，苏茜点点头，插话道：“勿施于人。”

珍妮又稍微向苏茜靠近了一点，她高举着一只手，握起拳头并迅速放下：“是的，太棒了，苏茜。你已经熟记于心了！他的第二个理由就是关于正面评论。正面评论的关键在于，那些是你最满意的客户的推荐，而这些客户也是你的A类人。有些软件应用程序能帮助你收集客户评价或评论，也能获得推荐，这一般是在客户同意写下评价或评论之后。”

“前四条原则主要是为了获得推荐。他添加第五条原则的第三个理由，是帮助你借助科技力量将更多的推荐人转换成客户。理解吗？”

苏茜迅速回答道：“当然了！”

珍妮继续说：“通过我在大学里对社会网络的研究以及在市场上的工

作经历，我知道社会认同有五个关键部分。第一部分就是客户评价，第二、第三部分是一般客户满意数据和具体客户满意数据，第四部分是案例研究，第五部分则是最重要的网络评论，我们刚刚就提到过。还要说明一点，虽然有人还总结出其他部分，不过在我看来，其他分类都是我刚跟你说的五类中的分支。”

“所以今天，苏茜，我们主要针对你的业务讨论有关社会认同原则中的两点。首先，我们要讲讲获得至少 25 条客户评价或评论的方法。其次，我们打算帮助你找出三个你和你公司曾服务过的、高度满意的客户，他们将是你社会认同的案例研究对象。我们稍后会讲到如何操作以及为什么要这么做。听起来怎么样?”

苏茜抬起了头，桌上摆放着打开的笔记本，她手里拿着笔，再一次笑了。“非常不错。”她回答道。

“苏茜，要将社交媒体应用到你的营销中有很多可行方法，包括有针对性地打网络付费广告、使用博客、发帖子或列出有针对性的用户名单。这些方法都挺好，但是我想提醒你，有时‘较好’会成为‘最好’的敌人。和我们所有人一样，你也只有有限的资源和人脉，所以采取最佳方法、最适合你的方法是极其重要的。”

“你可以通过很多好方法展开新业务，比如使用社交媒体，但是有哪些最佳方法能符合你所学的理论体系呢？只要你运用了这一理论体系，并能像海格伦德与你分享的那样从第三个层面进行交流，你的真实的声音就能被他人听见。最佳的营销方法应该和你的理论体系及方法是一致的，同时能帮助你找到完美客户化身。你的最佳选择都是一致的且相互联系的!”

珍妮详细的解释让苏茜听得入迷，苏茜回应道：“太棒了。而且听起来很有价值和意义。”

珍妮点点头，露出了自信的微笑：“确实有价值，这一切都和结果相关。比如说，我与一个名叫爱德华·希利尔的人有合作，他每年都要召开几次大型会议。去年，有上千名与会者参与，他公司的收入超过 1000 万美元。我们制作了各种调查问卷让与会者填写，并收到了 1000 多份评价，而将这些评价应用到营销材料中也获得了他们的允许！重要的是，我们为他提供了可量化的一般满意数据和具体满意数据。现在，他掌握了各种信息来帮助他的未来目标客户做出明智决定，让他们愿意成为大型数据库中的满意客户。这么做时，他就与每个与会者建立更深厚的关系，通过他的数据库就能获得更多重要推荐以及获得更多收入。”

“爱德华和他的员工也成了行业领头者。由于营销材料和宣传页上都加入了客户评价和可量化数据，转化率开始飙升。他今年的收入有望增加 10%。几乎是 100 万美元的额外收入，这应该是他的保守估计，因为他已经支付过企业经营费用了。”

珍妮笑了笑，又淡淡地说道：“我们的费用远远不到 100 万美元。正如我所说的，他是行业领头者。”

“但是关键在于，苏茜：我知道你经营的是一家小型企业，营销预算也有限。所以，我要告诉你如何通过获得社会认同来拓展业务。首先，你要相信你自己能获得社会认同，这点很重要，你一定有能力的。但是，你必须知道如何使用社会认同或如何充分利用社会认同，这样能给你带来结果。”

苏茜笑了笑：“谢谢，你现在说的话我能理解。”

珍妮也立马笑了笑，继续说道：“嗯，不要担心。我来谈谈我的另一位客户，来自洛杉矶的玛利亚，她在小镇经营着一家美发店。我觉得你应该听过玛利亚的美发店。”

“我知道这家店的具体位置，我还打算去试试呢。”苏茜很快回应道。

珍妮继续道：“不错，玛利亚的丈夫与我们有合作，玛利亚也答应我与你分享一些她的具体故事。”

苏茜热情地说道：“哇，她真是太好了。我一定会光顾她的美发店的。”

珍妮笑了笑：“你会喜欢她的。玛利亚是个内外兼修的人。她能服务好客户，还能确保她的顾客总是能在她的美发店享受服务。她有一股自然之力。你知道她的类型的，她总是将美发店打扫得非常干净，你甚至可以吃下那些掉在地上的东西，她也能毫不费力地同时服务两名顾客，还能指导在前台的员工，总是能给她的顾客带来独特的感受。那是个好地方，我也是她多年的顾客。”

苏茜点点头说：“我今天下午就预约。”

“真棒，苏茜。那你现在明白我的意思了吗?”

苏茜眯着眼斜视着太阳，她回应道：“哦，我的天哪，珍妮。我简直不能相信，你说的所有话我都能理解！是的，我明白你的意思!”

珍妮站起身来，调整了一下大伞以挡住照进苏茜眼睛里的阳光。苏茜说道：“谢谢你，珍妮，谢谢你的仔细观察!”

“嗨，需要续杯吗?”她们两人太专注于谈话，都没有注意到本尼就站在她们身旁。

珍妮立即回答道：“我们都不用了，本尼。我和苏茜准备去我的办公室，去见一位我的合伙人。”

苏茜疑惑地看着珍妮，问道：“我们?”

“是的，就是我们。走吧，路上跟你解释。”

珍妮和苏茜步调一致，在主街上走了三个街区，一路上大多都是珍妮在说话。随后珍妮停了下来，走进了一个老式的鱼罐头仓库，现在已经被改造成阁楼和办公室，这里靠近鱼市餐馆。

苏茜说：“我喜欢这栋古老的建筑以及内部的空间改造。你在这里工作多久了?”

“到下个月就两年了，也差不多是我和路易开始合作的时间，你马上就会见到他。这也是我改变商业模式并与代表公司的顶级顾问开始合作的时间。路易是第一个被我认可的外聘顾问。他是个专业人士，不要因为他的金头发、蓝眼睛让你产生不同的想法。他的客户很喜欢他，他知道如何快速地为客户找到问题并提供正确的解决办法。”

“我告诉他我们要共同努力，帮助你了解海格伦德的理论体系。他也同意我的观点，那就是中小型企业的案例研究，能帮你解答为什么原则5符合海格伦德的方法以及你该如何实施。这就是几分钟后我们要谈到的内容。”

珍妮打开了笨重的玻璃仿古门，这扇门是改造后的仓库的大门，她向路易挥了挥手。

“嗨，路易。”珍妮笑着说，“苏茜，这就是杰出的顾问路易·特杰尼。路易，这是我新的优秀学生，苏茜·麦坎伯。”

“很高兴见到你，苏茜。”路易大方地招呼道。苏茜很快就明白了路易能很好地与他的客户沟通的原因。他身上透露出一股魅力和成熟的气质。“很高兴见到你，路易。”苏茜面露温暖的微笑回应道。

珍妮不禁注意到这两个人擦出的火花，说道：“很好，我们坐下来详谈吧，不到45分钟，海格伦德就会过来。”

谈话回到了商业模式上，他们都坐了下来，珍妮坐在会议桌的前端，路易坐在她的左边，苏茜则坐在右边和路易相对。珍妮继续说道：“路易，我刚和苏茜说过，我和你都兼职于一家大型会议公司和本地的一家美发店，帮助他们建立自己的社会认同并最终获得更多的推荐。”

路易根据她的提示说道：“非常好。苏茜，我们的方法很简单。我们对利益相关方的启蒙教育的内容包括社会认同白皮书和免费教育性社会认同网络研讨会，其中还包含30多条客户评价和案例研究。对我们和我们的客户来说，重要的是我们自己提供服务，也就是他们说的：‘我们吃自己的粮食。’也许是过于形象了，但你掌握要点了。对于那些有兴趣了解更多内容的人，我们会发一封电子邮件确认。邮件包括所有行动步骤、我们的交付项目、新客户的职责以及要支付的费用和时间安排。对于初次接触的大型公司，从开始到结束要持续4~6周的时间。”

“但是关键在于：我们能合理展示或使用收集到的可量化数据时，就能显著提高我们客户的收入，这是通过增加他们现有目标客户的转换率并获得源源不断的推荐实现的。”

路易打开了电脑，并将一张图片投影在会议桌的另一端大型白板上，且正对着珍妮。他站起身来，走到了图像面前并面朝珍妮和苏茜。

“这个是珍妮向你提到过的玛利亚的网站。研究显示，能激发潜在客户做出购买决定的最小评论数是25。可以说大多数人都不相信你能获得那么多条评论。你看，玛利亚的美发店的评论超过了55条，其中有40多条都是五星评论。我们从一开始就和玛利亚有合作，我可以告诉你，玛利亚接到的电话和获得的额外推荐都是在25条评论的基础上增加的。”

“玛利亚学得很快。当她那有新业务或推荐的电话响起，说明她肯定是明白了这一概念。她和我们一起合作，提出了一些简单的方法，以鼓励新客户在他们享受完第一次服务后就写下一条评论。”

苏茜听得专心致志，问道：“那如果是负面评论呢？我的意思是我知道一些企业老板很害怕网络评论，因为他们可能会收到一些负面评论。”

珍妮回答道：“问得好，苏茜，我们和每个客户都会谈到这个问题。首先，我们会鼓励所有使用我们的平台或其他平台的客户写下过程，以便从每个客户那里获得反馈。想想你自己的经历以及你在阅读评论时的感受。只要有足够的评论数——我们建议的数字是25个——通常来讲，你就不会困惑于几个负面评论。这很正常。我们告诉客户在浏览一星至五星评论时，将那些评论想象成一把手枪。当然，五星评论代表着长长的枪管，三四星评论代表的是扳机，而一二星的则代表手柄。”

苏茜也走到了白板前并站在路易的旁边，她说：“我能理解，但你如何解决新出现的负面评论呢?”

珍妮笑着回答：“是这样的，苏茜，没有人想看到负面评论，它们对我们造成了伤害！但是我们可以直接面对他们，通过合理的在线回复让事情朝着正确的方向发展。网上提供了很多简单的方法，只要搜索‘如何解决负面网络评论?’通常来说，你要学会感谢评论者指出了问题，让评论者知道你是想把事情做好的，在公众回复中，也要让他们知道你会给他们发电子邮件，会向他们说明你是想把事情做好的，也会亲自在线下处理。每个人都能看到你是在践行着黄金法则，也能明白你的真诚，这样的话，你也能从质疑声中获益。尤其25条评论中大多都是正面评论时则能获得更大益处。明白吗?你的优秀客户也会在评论中说明你是个不错的人。明白吗?”

“当然明白。”苏茜快速回答道。

珍妮继续说：“所以你的第一个目标就是收集25条评价或评论，能让你的目标客户在网上和营销材料中看到，这和玛利亚的网站类似。你可以使用一些基本网络工具比如我们提供的工具，你也可以使用社交媒体评论网站，或通过传统的方法要求他人写下评价。我不得不提醒你，最后一种方法花费的时间更长，难度也大，因为这种方法无法留下年度客户评论。”

“在以前，我也曾帮助像你这样的专业人士设计客户满意度调查问卷，问卷包括评价要求且带有勾选框，能让客户写下想写的内容。这种方法仍然有效，如果你需要，我也很乐意为你找一些旧样本。”

“重要的是，苏茜，如果理解了客户评价的重要性，就像爱德华、希拉·玛丽以及在过去几天与你有过合作的所有人一样，你就会忙着收集评价。它能拓展你的业务，你提供的信息也能让那些被推荐的目标客户决定与你合作。”

“想想看，如果你不忙着想办法让你的目标客户向你购买产品，他们就会向你的竞争对手购买。据我所知，很多人是不会领你的情的。”

苏茜坐了下来拿起笔，坚定地回答道：“你说得太对了！我会尽力完成。这也在我‘要做的事’中。”

珍妮对着路易笑了笑，说道：“看到了吧，路易？我说过这个小姑娘是个优秀的人吧!”

路易笑着点了点头。

珍妮站了起来，转向了她椅子背后更小的一块白板，而那块大白板上还是能看到玛利亚网站的主页。手上拿着一只可擦写的马克笔，她开始边说边写：“好的，我们来说说你今天最后一个目标，那就是找出你的最佳客户的三个研究案例。”

苏茜又开始记下笔记，暗自想着珍妮是如何轻松地表达自己观点的——这真是一个优秀的老师。她尽量写下珍妮之前说的内容：

原则5：社会认同是任何时候的销售力量。充分利用客户评价、案例研究和网络评论。

1. 至少获得25条客户评价和网络评论；

2. 至少找出三个案例研究；

3. 在客户选择你并认可你的服务之前，说明案例研究对象身上发现的难点。

珍妮转向苏茜，用马克笔的笔盖敲击着白板上的要点，说道：“当你开始收集属于你的社会认同客户评价和评论时，一些客户的评论会让你眼前一亮。”她笑了起来又继续补充道，“就像那些对着我大叫的巧克力烤饼。”

苏茜还在记笔记时笑了起来，她回应道：“明白了。”

“而且，你想要收集25条评价或正面评论的理由就像收集250个名字一样，250个名单是从你的数据库中获得源源不断的推荐的临界点。而要让新的目标客户相信你的客户的推荐，25条正面评论也是社会认同的临界点。这么说能理解吗，苏茜?”

“当然能，珍妮。我理解了!”苏茜回答道。

“很好。关于潜在案例研究，请记住，你要找的是你的产品和服务为你的客户所带来的预期结果。在大多数候选人中，首先要关注你的A类人。相信黄金法则，他们会回馈你的。如果还有别的选择，你要尽量挑选和你完美客户化身相符的案例研究对象。

“苏茜，是这样的：前几天你学到的几条原则都是紧密联系的，主要是帮助你找到意向客户，你就可以展开业务。

“目前你的业务市场是针对其他企业，对吗?”

苏茜抬起了头回答道：“是的。”

“很好，”珍妮说道，“企业老板和决策者没有采纳你的意见的三大原因是什么?”

苏茜摸着她的下巴说道：“嗯，我知道答案，我所在的公司给了我一份调查报告，上面列出了三大销售难点。报告上说第一个原因是目标客户没有将我们收取的费用视作一项投资，且没有看到合理的投资回报率，因为我们没有对结果进行充分说明。所以，他们认为这笔费用仅仅是一笔花销而不是一项投资，且得不到回报。第二，如果我们不能引用目标客户所在行业的成功案例，他们会说他们的业务不同，他们也不会想到我们能对他们所在行业提供什么帮助。最后一点就是可信度。也是最关键的一点，报告显示目标客户有时不相信我们说的是真话。”

苏茜看着珍妮和路易说道：“怎么了？为什么你们笑得像柴郡猫一样？”

珍妮回答道：“不好意思，我只是对即将出现的结果充满期待。想象一下，在你下次演讲时，或是被推荐的目标客户浏览你的网站时，你能通过沟通来了解目标客户的想法吗？嗯，你可以的。通过你的案例研究，你可以将三大难点列为问题，是你的案例研究对象在购买你的产品前问的问题。你的案例研究评论会替你解答那些难点。”

“至少需要三个案例研究的原因是，要确保能用三个不同的案例解答这三个关键难点。这些案例研究以及社会认同现象都能对你产生帮助，也能让你的目标客户下定决心成为你的顾客。”

“想象一下，如果你有 25 条评论和 3 个可靠的案例研究，能为目标客户解决主要问题，他们也开始考虑你的服务，你的事业会变成什么样？”

苏茜举起了一只手，说道：“这就意味着在将来我能获得更多的推荐，能开展更多的业务！”

“确实是的。”珍妮回答道。

没有人注意到海格伦德已经悄悄走进了前门。他从珍妮授课的白板后面走了出来，说道：“珍妮，看样子我们的学生已经准备好毕业了！”

海格伦德不被察觉就出现给大家带来了一丝惊喜，珍妮笑了起来，给他竖了个大拇指，说道：“我把苏茜称为超级响应者，她已经准备好了。”

海格伦德说：“不错，珍妮。很好，苏茜！”

“我饿了。路易，你想和我们去隔壁的鱼市餐馆共进午餐吗？我预定了 12 点上餐，非常欢迎加入我们。”

“谢谢你，大卫，我已经预约了一位新认识的目标客户共进午餐。珍妮在折磨我。她把事情做得太好了，影响着我的社会生活，也扫除了我的12个障碍！”

“祝你好运，路易，下次约。放手去干吧！”

“女士们，我们走吧？”

珍妮关掉了挂在墙壁上的具有一百多年历史的灯，四个人都走了出去。

苏茜、珍妮和海格伦德推开双层玻璃门时已经是两点以后了，他们走出了鱼市餐馆。他们左拐走到人行道上，朝着珍妮的办公室走去。

“珍妮、苏茜，感谢你们的陪伴和谈话。也许我们没有解决什么世界性的大问题，但是我觉得你，麦坎伯小姐，已经走上正确的轨道了！你同意吗，珍妮？”

珍妮笑了笑，说道：“我当了很多年的老师，海格伦德，我觉得我看到她就想起了优秀成绩单。苏茜一定能收获成功的。”

“谢谢你们，我也很感谢你们对我如此有信心。所以我接下来该做什么呢？”苏茜说道。

海格伦德回答道：“苏茜，你去散散步吧，享受余下的午后时光，然后找一个安静的地方写下你的最终目标，并回顾一下你这两天半所学的内容。我给你发送了另一个音频文件。记住，就像你之前制定的目标那样，写下最后两个目标，想象成已经完成的那样，然后复习笔记本里的内容，在每个要点旁记下笔记，并写下简单可行的目标以及你的想法和问题。”

“我们明天早上8点整在本尼的咖啡馆见面，开启你的新生活吧！”

“我会到的！”苏茜快速回答道，并朝着主街走去。她又坐在了她最喜欢的长凳上，眺望着大海。她戴上了耳机，打开了笔记本，开始写下她的目标。

目标 8

目标：搜集 25 条客户评价或网络评论。

目标期限：自今日起，为期 12 周。

完成日期 9 月 15 日和我所做的事：使用客户满意度调查问卷，并用电子邮件将此发送给我所有新老客户。此外，我还雇用了一名网络评论承包商，以鼓励我现有客户和目标客户针对我的服务写下评论。

我所经历的：我从满意度调查中获得了大量反馈。现在，我已经从新老客户那里收集到了 20 多条客户评价，他们也同意我将这些评论放在营销材料中。我也收集到了 25 条关于我的服务的网络评论。

我的感受：几乎所有的客户都积极响应我的工作方式，我觉得自己得到了认可。

让我开心的事：获得客户评价的方法让我萌生了新想法。我还获得了 10 个额外推荐，就算我积极发放满意度调查问卷并请求那些积极回应的人给我推荐，这 10 个人可能也不是我所能获得的。

我的伙伴和同事的看法：他们对我印象深刻。他们一直询问关于我的方法的问题还向我征询建议。

我的决心：坚持到底，遵循该方法。我知道我能成功，也能实现我所有的个人目标和经济目标。

目标 9

目标：找到三个用于我的演说的案例研究。

目标期限：自今日起，为期 12 周。

完成日期 9 月 15 日和我所做的事：通过我的满意度调查，采访了三位案例研究对象。根据他们对我的产品和服务的了解以及他们做出购买决定时遇到的问题，我给了他们一本白皮书。

我所经历的：自从在我的演说中使用了白皮书和研究的案例，我开启了第一单。

我的感受：通过白皮书和演说，我能非常自信地展示我的产品和服务，在他们提问之前，就会回答所有可能会遇到的潜在难点。

让我开心的是：完成了今年新制定的销售目标，我也走向了正轨。

我的伙伴和同事的看法：他们对我的白皮书和最近获得的成功感到震惊。他们不再征询我的建议，而是问我是否愿意成为他们的私人教练并给我支付费用。

我的决心：像海格伦德一样，成为一个终生学习者，现在我也会积极地寻找各种培训团队并参与进去。

苏茜休息了一会，放下了她的笔，看着她最后的目标。然后，她翻到笔记本开头的部分，浏览其他几个目标和原则，她的目光落在了第一个匆匆写下的努力建立 250×250 的名单上。她想到原则 1：250×250 法则。你认识谁很重要，但你的客户和同事认识谁更重要。她的名单上已经接近 100 人了，她一个一个地浏览，每个名字都让她变得更加兴奋。

于是开始自动将名单按 ABC 归类，在每个人名字下写下相应的字母，核实着第一天尝试过的分类，看看自己是否还赞同当时的分类。

原则 2，她微笑着想到：建立数据库并按 ABC 归类。现在她知道如何利用名单了。事实上，她也真的期待能有这样一个绝好的理由能让这些老朋友重新联系——她已经寄出了忏悔信。

原则 3：尽管告诉我。指导你的客户，说明你的工作方式，以及你如何通过不间断的、定期的实际行动带给他们价值。她骄傲地告诉自己。

原则 4：保持沟通、亲自沟通、系统化沟通。

原则 5：社会认同是任何时候的销售力量。充分利用客户评价、案例研究和网络评论。

她思考着，觉得很有趣，又摇了摇头。她意识到，自己能轻松地记得这5条原则。不过，最棒的是，她知道整个计划是如何运行的。这些确实很简单，并能产生更深层次的后续效果——将关系放在第一位这一绝妙的理论体系和方法，对那些她拜访的客户也很有帮助。这个方法之所以有效，因为它是以最简单的思想为基础：黄金法则。她想着，笑了起来，更好的是，就像海格伦德说的，黄金法则才是真正的伟大戒律。

她合上了笔记本并将手放在上面，“哦，我的天，”她喃喃自语道，笑了笑，“今天晚上我是难以入眠了。”

她确实一夜难眠。

第 8 章

综合 × 颠覆认知的销售法则

第二天早上，苏茜再次醒得格外早，她在拂晓前开始了晨跑。跑完后精力充沛，她快速地冲了个澡穿上衣服，拿起笔记本，走了一段长长的路来到了本尼的咖啡馆，尽情享受着这种全新的感觉和当下的时光。但她仍然觉得这只是个开始，她感觉不错。

早上8点，她走进咖啡馆，海格伦德和本尼正在柜台后面聊天。他们俩都满面微笑地向她问候，海格伦德走了过来，招手示意她到前面能看见大海的位置坐下。

“今天早上感觉怎么样？”他们坐下时，海格伦德想知道她的感受。

“哦，大卫。很好，非常好！”

这让海格伦德感到非常开心：“我能看到你在我眼前所发生的改变。你和四天前见面时判若两人。”

“多亏了你的帮助。”

“不，”海格伦德更正道，“不管你从这套理论体系和方法中学到多少，只要你按照我问的三个问题去做，都会奏效的。我想你能做到的。”

“那是我的计划。”

“拿出你的笔记本吧。”

苏茜取出笔记本并打开到目标8和目标9所在的页面，这是她昨天才制定的目标。

海格伦德检查了她的内容，赞许地点点头，他又轻拍了一下笔记本："苏茜，我希望今天早上我们能回顾一下过去三天所学的内容并谈谈你对未来的规划——你新的行动计划。怎么样？"

"那样我就能更好地指导你，简要概括下你学的五条原则以及在过去三天你的收获吧。"

她翻到了概述页面，就在她写的目标之前。苏茜端坐起来，直起了身板，自信地回应道："没问题，大卫。"

"我们初次见面时，我就有了新的认识，你告诉我每个人都是独一无二的，都有自己独特的天分并能转换成内在才华。你还说了他人是如何看待我们的以及我们是如何看待自己的。我知道，如果我能认清并专注于我的天分和能力，我就能变得更加自信也会更有创造力。通过接受我的天分和能力，我也开始接受真正的自己，也能更好地展现出我的真实。我这么做时，就会道出内心真实的声音，他人也会认同我。

"希拉·玛丽提出了250×250原则，以及重要的不仅是我认识谁，更重要的是我的250个客户和伙伴认识谁。我潜在的影响圈是基于我数据库中的名单再乘以他们认识的人数，我还要一个计算器才能算得出来，因为数字实在太大了。"

"保罗教会我如何将我的数据库分类，并将其分成ABC三类。A类人是那些在过去曾推荐过我的人或者是我确定他们会推荐我的人，只要我花一些时间指导他们这么做。A类人是我强大的拥护者。B类人是我觉得可能会推荐我的人，只要我让他们去推荐。而C类人是我不确定是否会推荐我的人，即便我已经让他们这么做。"她笑了笑继续说道，"哦，对了，我的D类人在吸取我的生命力量，我也告诉自己不要感谢他们，也不要将他们推荐给任何人。"

“我对我数据库的关注点在于：把我的 C 类人变成 B 类人，将 B 类人变成 A 类人。同时，我还要指导数据库里的人，通过他们的推荐，我成功他们也能成功。他们成功是因为他们通过向我推荐客户，这样我也会花更多精力和时间去满足他们的需求，而不是把精力花费在外在营销上。

“保罗还告诉我获得成功所带来的惊喜，他提出了如何辨认并专注于我的完美客户化身。通过辨别我的完美客户化身，我会更有创造力，并因为被推荐给其他客户，能进一步推动我的企业发展。

“当然，这完全来自于顿悟时刻的指点，你也真正帮助我解决了不能与他人建立关系的焦虑。你和我分享了你的律师朋友 KT 的故事，以及他从第三个层面交流并与他人建立关系的方法。他的三个层面的交流很容易理解但却很难做到。自从你跟我分享后，我多次套用了这个方法。

“然后菲利普解释了原则 3 ，那就是‘尽管告诉我’。这个短语提醒我必须随时对他人提供帮助，这也是行动中的黄金法则。菲利普简洁地说明了‘尽管告诉我’这句话是个日常提醒，鼓励我将与客户和伙伴的关系放在第一位。

“要不断询问客户是否能以任何方式帮得上忙，这也是海格伦德方法体系成功的基础。我们坚持这么做时，我们就能更好地寻求客户的推荐，因为我们已经获得了这么做的权利。我们也承诺会像对待我们的客户那样对待被推荐的人，客户也会知道我们是如何对待他们的推荐人的。”

苏茜笑了笑补充道：“正如萨拉所说，我们如何对待客户，就会有两种完全不同的结果。最重要的是，如果我们能正确地对待他们，我们也会得到我们想要的积极回应。”

“在星期二，我见到了萨拉·辛普森，她解释了第 4 条原则，那就是与我整个数据库的人保持沟通、亲自沟通和系统化沟通。并把这一原则融于行动中，我也能获得随时与我数据库的人联系的通行证。”

苏茜抬起了头，说道："昨天我见到了珍妮。我现在知道了社会认同有五个部分，以及社会认同是如何融入我所学的知识的。"

苏茜用食指指着她最后记的笔记说道："现在我正收集至少25条客户评价或网络评论以及三个案例，能让我了解目标客户的想法，能解答他们的疑问并鼓励他们信任我的服务，这样我就不会觉得我是在强迫他们。"

海格伦德点点头，露出了赞许的微笑，他快速回答道："很好，太棒了，苏茜，太棒了！如果根据我的经验推测，我会说我刚毕业的门徒是个商业—关系型的人。一开始你是从个人层面交流，但是让人佩服的是，你刚才做概述时——非常有条理也非常专业，完全就是商务人士！"

苏茜叹了一口气："我得告诉你，大卫，菲利普说你是个规则改变者，也就是你改变了人们的认知，改变了人们的态度和观念。你鼓励大家去关注最重要的事情。你也帮助我清晰地找到了走向成功业务的道路。一个人态度的转变主要是他认知的改变，这些就是你和你的朋友在过去几天教会我的。你让我看到了希望，也教给我获得成功的方法。对此，我感激不尽。"

这似乎让他非常高兴："谢谢你。不过，正如我所说，现在真的取决于你。"

"不过我现在知道综合使用这些原则了！"苏茜说道，指着他们面前的笔记本。这就是原则5中"成功的综合技巧"的图示，它展示了5条原则（见图8－1），密码锁也打开了。"你知道的，在第一天你给我笔记本时，看到了原则5下面的打开的密码锁，我笑了，甚至是在我知道把关系放在第一位这一方法之前。现在更能笑对它了。"

海格伦德对着图歪了歪脑袋，也笑了："综合使用5条原则能开启一个全新的世界。"他又翻回到苏茜写有目标的那页，"从这些目标看，你已经成功一半了。你已经设定了未来几周的目标，你也做得很好，你能想象到完成目标的样子。而且你的目标简单、易实现，这样使得各个目标都能合理地实现。你能行的，我相信你能实现的！”

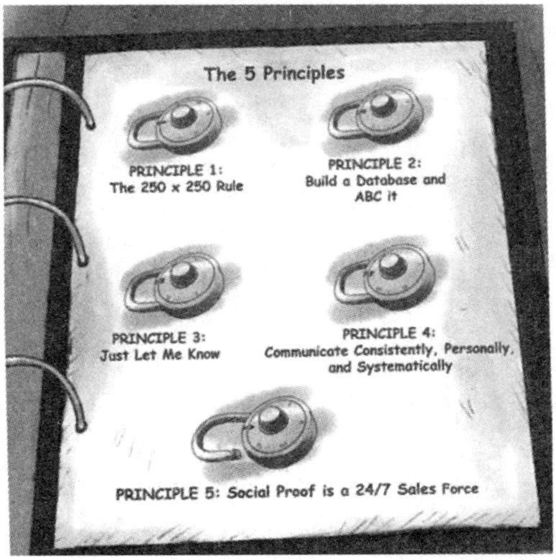

图 8－1

这让苏茜露出了一丝笑容。

“你知道我们该从哪里着手吗?”他突然决定，“何不向我说说三天前你的情况和现在的情况呢?”

苏茜笑了起来：“你没发现我几乎没有给你打电话吗? 因为我担心我的电话费。那是我以前的状态。我最大的困惑就是没有计划如何向客户介绍我的产品或服务，也不知道取得联系后如何与他们打交道。我给人的感觉要么过于强势，或根本就不会与他们保持联系，因此我该怎么建立关系呢?”

“过去我认为我需要一些宏大的营销方案或广告计划来拯救我。我不断寄希望于明天，希望完美的计划能出现在眼前。如果没有计划，我就会觉得受挫。这就是认识你之前的情况，你知道的，”她突然意识到，“说也奇怪，我希望的事发生了——本尼将我推荐给了你。”

就在这时，本尼出现在她的眼前，端着她常点的加牛奶的榛子咖啡和巧克力脆饼，就像三天前为了哄她说出自己的问题一样把咖啡推到她的面前。

苏茜很喜欢这种姿势，于是大笑起来。

“72 小时就能改变一个人，太神奇了，不是吗？学生做好了准备，老师就出现了。”本尼说道。在回去工作之前，他拍了拍海格伦德的肩膀。

“他是在多久前开始运用你的方法的？”苏茜问海格伦德，很感激地凝视着本尼的背影。

“大概五年前。他也是由他的一位朋友推荐给我的，你不会感到惊奇吧？”

“不会，现在我一点也不会感到奇怪。”她将脆饼浸到咖啡里并拿起来咬了一大口。

“你继续说。你讲到本尼推荐时就停了。”

“好，后来的事你也知道了。现在我有个适合我的积极计划。我觉得我不需要再去模仿别人了。”她说道。

“我理解和推崇这句古话：发现一位新客户的成本比留住一名现有客户的成本昂贵 11 倍。”她补充道，并享用着她的脆饼。事实上，她享受着今天早晨的一切。

“以前我的问题是我没有一个适合的方法，就是通过定期沟通留住现有客户，更不用说请求他们的推荐了。但是现在我知道了你的理论体系和方法，那就是将关系放在第一位并以黄金法则为基准，它可以说明我的坚持，也能让我获得寻求推荐的权利，希望那些被推荐人都符合我的完美客户化身。”

“只要你开始运用这个方法，苏茜，这就是你的方法了。和其他人一样，你也能让这个方法变成你的方法。坚持将关系放在第一位，你会获得成功的。”

“我会骄傲地说出这个方法，因为对我来说，它的精髓，尤其是建立关系计划的精髓就是它沟通的方式。”

“很多人都说要和他们的客户沟通，但很少有人这样做，这不同于偶尔就见到的邮件销售人员，要么努力销售其他东西要么就是夸夸其谈。但我真的相信，当我告诉我的客户，尽管告诉我我是否能以任何方式帮助到他们时，我会准备帮助他们。当我问到客户是否有朋友或同事需要我们的服务并承诺像对待我的客户那样对待他们时，这就有了意义。因为我已经通过坚持证明了自己，对吗？通过保持联系并把关系放在第一位，让自己坚持到底。”

海格伦德靠在椅背上摇了摇头：“这种表述方式很不错。”他骄傲地看着他的新学生，“显然，你现在已经有了自己的方法了，苏茜。对我来说，它通常是个制高点。”

不过，苏茜还没有说完：“你知道的，在我认识你之前，如果有人给我一张贺卡，我会把它和其他我收到的卡片放在抽屉里，从来都不会再联系任何人。等我要开始四处宣传我的产品时，距离最后一次与客户联系已经有很长时间了，我觉得这是欺骗和伪造，打电话时和行动中的表现都好像我是对关系感兴趣一样。我们俩都知道我打电话的真正目的。我的行为像个投机者，我感觉这种方式阻碍着我，我的心里不是滋味因为我并不真实。我现在明白了。”

苏茜笑了：“但是一切都会变化。现在，我会用老方法做事——我也获得了寻求推荐的权利。我理解了这些不错的原则以及如何将它们运用到业务当中。我将定期与我生活中的人联系，现在我也知道如何实施，那就是与他们沟通，并始终对他们提供帮助。”

“我的直觉告诉我很多人都会对这种做法印象深刻，因为他们也希望自己能这样开展业务，也能有这样的交流方法，只是他们从来不知道如何去做。”

海格伦德举起了他的咖啡杯要和苏茜碰杯，所以苏茜也举起了咖啡杯。“你应该为你自己感到骄傲，苏茜。祝贺你。”

“谢谢。”苏茜说，与海格伦德碰了碰杯子，然后将最后一块脆饼泡了泡并放进了嘴里，“你很难想象我对自己感到多么骄傲。但是整套方法都投入运用时，我会更加自豪，而且我每天都会用到这些方法。”

“完全正确。你很好地掌握了这套理论体系和方法。我建议你坚持三个月。运用这个方法，苏茜，去做吧！因为只有你做了，你才能选择一条适合你的道路。”

海格伦德将一张纸放在苏茜的笔记本上：“将这张纸放在你的笔记本里吧。这是我给你的‘后续步骤列表’。它只是20个最重要的后续步骤列表，以及你每天要做的事，以便运用你的方法。一旦你有了自己的方法，你就立即有了通向各个新客户的关系通道，你也具有了定期与所有人沟通的特殊能力，你只需要付诸实践并坚持到底。”

“记住，只要向你已经建立关系的客户展示你的始终如一，你再也不会有竞争对手了。你也能以同样的方式建立关系并获得友谊。”

苏茜激动地看着后续步骤列表，立马开始在上面加注释，脑袋里想着何时才可以全面实施。

后续步骤列表

1. 相信并接受你的天赋和能力。做真实的自己，说出真实的声音。

2. 完成最初的人名清单。打电话核实他们的地址、电话号码和邮箱。

3. 将所有人名按ABC归类，选择一个联系人管理员或客户关系管理系统。确保你有能力设置便于管理的ABC类群体。

4. 研究并选择网络打印商打印卡片或其他材料，选择可信的数据库专业人员或虚拟助理来管理你的邮寄和打印。列出十二个月的建立关系计划。列出每个月需要定期寄送的礼物。

5. 抽时间列出你的完美客户化身的特点。撰写广告文案或选择礼品供应商时，要想到你的完美客户化身。

6. 选择一两个线上分类公司来帮助你开发和提供“表示感谢”贺卡。确保你的数据库能融入你选择的公司，这样你的礼品就能轻松地被加工出来。

7. 采购个性化感谢便签。每次与客户见面并获得他们的允许将他们加入数据库后，立马将感谢便签寄给他们，这是为了寻求他们的推荐或只是说声感谢。

8. 最终确定你的“表示感谢!”计划。为自己、一线员工，推荐礼品和普通节假日礼品设立合适的预算。

9. 记住交流的三个层面。根据合适的场合选择表层层面、专业层面和真实层面。

10. 向数据库中的客户寄出忏悔信。

11. 按照步骤获取25条客户评价或网络评论（社会认同临界点）。找到三个案例研究对象，在展示产品或服务时，能分别解决三个关键难点。

12. 制定计划跟进你数据库里的客户。如果合适，可以问他们的生日（不包括出生年份）或纪念日。把他们列入你的数据库。

13. 安排与A类人私下见面，并阐释你的新方法。在询问完你是否能帮助他们后，再问问他们认识的人是否对你的产品感兴趣。

14. 如果你想要更大的影响圈，就采用数据库。给每个新增的名单打电话并请求获得他们的同意开始交流。

15. 培训你的员工，告诉他们你的理论体系和方法是如何起作用的。把所有原则融入企业文化中。

16. 给所有“你赚钱他们也赚钱”的人打电话——主要是能服务于你的客户的供应商和合作企业。解释你的计划是如何实施的，询问他们是否愿意加入你的推荐队伍互换推荐。

17. 组建一支网络推荐队伍，就像菲利普那样，打印出所有团队成员并自己设计封面作为打印版推荐团队通讯录，可用于你的演讲中。

18. 在你的最初销售展示中说明你是如何将关系放在第一位的，以及对客户的价值是什么。当你信守承诺时，再跟进你的客户并请求他们的推荐。

19. 使用新获得的“通行证”，按计划给数据库中的所有人打电话，至少一年一次。如果你已经定制了生日贺卡计划，在寄出生日贺卡后就打个电话，在电话中对他们说“生日快乐”。询问你怎样才能帮助他们，如果合适，还可以请求推荐或安排见面。

20. 经常询问你打电话的人你能为他们做些什么，经常提醒客户你的业务是建立在他人优秀意见上的。然后请他们给你推荐客户。

苏茜浏览完清单后，她注意到海格伦德已经站起身来了，“你会做得很棒的，苏茜。确保在完成后核对下每个步骤，并坚守对我以及对你的承诺。坚持到底。”

他笑了笑：“很开心能认识你并和你合作。如果我能以任何方式帮助你，尽管告诉我。如果你有任何朋友能从我分享的方法中获益，请将方法传递下去。分享出去，你也能从中获益的。这是好东西，苏茜——它是黄金法则!”

“你要走了吗?”苏茜说道，突然感觉十分难过。

“再见，老朋友!”她听到本尼的声音从她身后传来。她转身看着本尼，当她再回头看时，她的认知改变者兼导师大卫·海格伦德已经消失在午后的阳光下了。

她摇摇头对着他的背影笑了笑。本尼走过来开始收拾他们的空杯子：“很不错的人，对吧?”

苏茜点点头。她拿起了她的笔记本和海格伦德给她后续步骤清单也站起了身来。她给了本尼一个大大的笑容，说道：“你知道的，今天还没有结束，我还有事情要做!再见，本尼!”

本尼目送着苏茜离开。她的步伐坚定，那是几天前所没有的。“制高点会帮助你的。”他咕哝着，拿起他们用完的碟子，对自己在这场戏中所扮演的角色而感到非常满意。苏茜·麦坎伯的职业转变，想起来就觉得开心。他喜欢苏茜，毫无疑问有一个制高点在等着她。

此外，他走到古色古香的橡树吧台后，露出了幸福的微笑，即便小镇上有其他咖啡馆但并不影响他的生意。苏茜·麦坎伯唯一经常光顾的地方，更不用说会推荐给她的朋友和客户的地方——那就是加利福尼亚咖啡馆。

第 9 章

坚持

×

你准备好了吗

加利福尼亚咖啡馆又迎来了一个美好的清晨，各位常客包括苏茜·麦坎伯在开始新的一天之前，排着队来点他们最常喝的咖啡。

相比于半年前的苏茜，今天的苏茜·麦坎伯有了质的改变。这个星期二的早晨，同往常的周二一样，苏茜和她的三个团队成员坐在外面开着周例会。她经常坐在固定的位子上，这个位子在露台的大伞下，能看到美丽的海景。她的业务发展非常迅速，需要另外招聘一名销售人员、一位客户服务人员和一名私人助理。苏茜透露出轻松自信的样子——自信而不自负。

每个月，她都与公司数据库中的每个人进行良好的沟通。沟通内容很有创造性也让人印象深刻，本尼也开始将那些谈话内容挂在展示墙上。“感谢业务推荐人”这一做法让她逐渐成名，她通常都是以恰当而又令人难忘的方式表达感谢。苏茜也认同海格伦德的说法：她属于商业—关系型，于是就发展自己在这方面的领导能力。她有能力清楚地描述她的公司产品，她也成了她所在行业最富有创造力的演讲者。她已经能真正地做自己，也能从第三个层面交流，她的业务也卓有成效。

菲利普走进了这家繁忙的咖啡馆，拿起一份《华尔街日报》，排在了苏茜的身后。他拍了拍苏茜的肩膀，说道："早上好。"看了一眼苏茜参加会议的团队，他笑了笑："看来你已经克服了担心人们拒绝你的忧虑——因为你不断壮大的团队说明你已经得到了很多肯定。"

"这真是一段不错的经历，菲利普。我还是我。我能坦然面对我的天赋了，并学会运用它们——朋友也给了我帮助。我发现，在那个方法的帮助下我有了动力，我也真正克服了销售中的不安情绪。你知道我的意思——我能关注客户的需求而不是我的需求。只要我坚持去做，把关系放在第一位，每天都运用黄金法则，我就能开展业务。这一方法也让人感觉我不是冲着钱去的。你就是非常棒的资源。"

橡木吧台后的电话响了，当时本尼正和收银员以及另一位咖啡师并排站着，正准备着双份不加鲜奶的卡布奇诺，他停了下来拿起电话，讲了片刻，然后转过身来看着苏茜："这是你的电话。"

苏茜皱皱眉头，有些疑惑不解。毕竟，她还没有拿到咖啡呢："请问是谁打来的?"

本尼将电话递给她，又回去制作着咖啡："你的一个朋友。"

"我是苏茜。"她自信地说道。

"苏茜！我是海格伦德。你好吗？我们有半年没见面了。"

他的声音立马让她回过神来："我很好，大卫。你呢？我很喜欢你从各地寄来的明信片。你一直都在忙。"

"只是帮助几个朋友解决困难。我现在已经回到小镇上了，我也听到了你的好消息。我只想感谢你信守承诺并坚持到底。听说你做得很出色，我真的为你感到开心。"

"嗯，谢谢你。一直都不错。当然，我迫不及待要告诉你整个故事。"

"好，我也迫不及待想听。这也是我给你打电话的原因。我需要你帮个忙。"

“随时效劳。”

“我有个朋友需要一些帮助，我想知道你是否能在明天早上10点在本尼的咖啡馆与我们见面。还有——”

“讲解其中一条原则并分享我之前的和我现在的情况吗？当然可以。这是我莫大的荣幸。明天我会来的。”

苏茜用一只手将电话递给了本尼，同时另一只手从查克手中接过热腾腾的加了牛奶的榛子咖啡。

“一切都好？”他问道，同时挂掉了电话。

“很不错。”她回答道，并感激地点点头，“这一切都是你的功劳。”

苏茜走了几步，然后停了下来，转向本尼说道：“本尼，你知道吗？他才是真正的终身推荐人。”

附录

海格伦德的商业原则

此附录作为参考资料，帮助你了解《销售就是玩转朋友圈》中的原则和概念。附录包括以下内容：

· 海格伦德的商业原则

· 海格伦德的商业提问原则

· 你的完美客户化身

· 给老客户的介绍信

· 交流的三个层面

· 忏悔信

· 海格伦德的原则目标

· 询问新客户的神奇问题

· 四种商业个性

· 建立关系计划建议

· 表示感谢的承诺和政策示例

· 海格伦德的 20 个后续步骤

海格伦德的商业原则

以下是 5 条基本原则。更多详细内容，请参见第 3、4、5、6 和 7 章。

原则 1：250×250 法则。你认识谁很重要，但你的客户和同事认识谁更重要。

原则 2：建立数据库并按 ABC 归类。

原则 3：尽管告诉我。指导你的客户，说明你的工作方式，以及你如何通过不间断的、定期的实际行动带给他们价值。

原则 4：保持沟通、亲自沟通、系统化沟通。

原则 5：社会认同是任何时候的销售力量。充分利用客户评价、案例研究和网络评论。

海格伦德的商业提问原则

以下这些反思性的问题是展开这一理论体系和方法的起点。更多详细内容，请参见第 1 章。

问题 1：你觉得商业自我和个人自我之间有区别吗？

问题 2：你相信你提供的产品或服务吗？

问题 3：你愿意坚持到底吗？

你的完美客户化身

你的完美客户化身结合了你最佳客户和理想客户的最佳特质。通过辨别你的完美客户化身的特点，你能更好地指导你的客户和伙伴给你推荐这种人。

描述下你的完美客户化身的特点：

____

____

____

____

____

____

____

给老客户的介绍信

这封介绍信可以将老客户或现有客户指派给新的销售或客服人员。更多详细内容，请参见第4章。

肯·图莱克和苏珊·图莱克收

加利福尼亚州兰彻贝尼西卡太平洋海岸大道1007号，CA 92117

亲爱的肯和苏珊：

非常感谢你们在购买汽车时能选择我们的经销商。如果你们有任何疑问和困难，欢迎随时直接与我或者我的团队成员联系。

为此，我安排了我们的新晋经理保罗·金斯顿亲自为你们服务，如果你们有任何问题或需要都可以找他。保罗是个历经考验的专业人士，能和他一起共事我们感到非常骄傲。他在对待他人时，总是能把关系放在第一位。

保罗很快就会与你们取得联系，他会做个简短的自我介绍，并回答你们所遇到的问题。

再次感谢！

致以真诚的问候

哈林顿三世

兰彻贝尼西卡豪华汽车有限公司总裁

交流的三个层面

第一个层面是表层。在该层次，我们只是闲聊或进行礼貌性的热点话题讨论。

第二个层面与我的职业生活有关。我们从第二个层面进行交流时，就能建立业务关系而非个人关系。通过第二层面的交流，我们能在一天内与很多人联系并建立合作关系。

第三层面是我们的透明层面、真实层面。这一层面是说出内心真实的声音。通过该层面，我们会承认自己的错误并请求原谅。他人听到我们是从该层面进行交流的，也会被我们吸引。从第三层面交流能让我们具备与他人建立业务关系和个人关系的能力。

忏悔信

这封信可以作为写给过去没有保持联系而现在想定期沟通的那些人的第一封信。更多详细内容，请参见第 5 章。

———菲利普·斯塔克豪斯———

利兹·亨切尔和基斯·亨切尔收

加利福尼亚兰彻贝尼西卡希思特勒斯路 119 号，CA92117

亲爱的利兹和基斯：

近日来，我和我的员工抽空回顾了下我们的业务，并得出了一致的结论：我们所拥有的最重要的资产就是迄今为止所建立的关系——正如我们与你们建立的关系。

我们也感到很抱歉，我们没有积极主动地和你们沟通交流。对此，我希望你们知道，我们将采取适当措施来保证和你们频繁交流。也许是来自我们公司的信件，个人贺卡或是跟进电话。请将此视为我们始终将你我之间的关系放在第一位的切实证据。

近期，我们会亲自与你们沟通。同时，如果你们有任何问题，或我们可以以任何方式给予你们帮助的话，请随时联系我们！

真诚的

菲利普·斯塔克豪斯

海格伦德的原则目标

这些目标可以用于制定你的个人计划。查看完整的目标，请参见全书。

目标 1：认清你的内在天赋，即你最擅长的事。接受你的天赋并写下你的承诺，说出真实的声音。

目标 2：设定完成及更新 250×250 名单的目标期限。选定你开始行动的日期。

目标 3：确定日期将你的 250×250 数据库按可操作、可行的方法归类。

目标 4：根据情况，制定目标从第三个层面进行交流。

目标 5：专业地在方法中体现你自己和你公司的风格，制定一个积极的沟通计划，并用于你所说的话和你接触的人上。

目标 6：分析你的完美客户化身的特点。当你和他人谈论到你所服务的客户类型和你所感兴趣的推荐人时，设定目标期限开始使用你的完美客户化身的特点。

目标 7：设定日期开始你的“建立关系计划”和“表示感谢！”计划。

目标 8：设定日期开始收集 25 条客户评价或网络评论。

目标 9：确认对象并建立三个用于演说中的案例，能帮助你解决最常见的三个异议。

询问新客户的神奇问题

这些简单的问题能让你立马和你见到的新人交谈。更多详细内容，请参见第 3 章。

1．您是做什么工作的？

2．在您的工作中，您最喜欢哪点？

3．如果您能重新开始，并且已经掌握了您现在所知道的东西，您觉得您的生活是怎样的？

4．影响您企业进一步发展的最大障碍是什么？

下面是随时都可以问的第三个层面的跟进问题：

影响你实现个人目标和职业目标的最大障碍是什么？

四种商业个性

用两个词可表述四种个性类型，左边的词表示人们如何看你以及你本身是个怎样的人，右边的词表示你在商业关系中的自然倾向。

关系—关系型

关系—商业型

商业—关系型

商业—商业型

关系—关系型

关系—关系型的人只考虑与他人的关系——即如何帮助别人和如何博得别人的接纳与喜爱。这类人很少会考虑自身行为所产生的商业影响，即便他们有所考虑，他们也会立马以某种“关系型”的方法来判断其行为。所以第二个词必定也是“关系”。

关系—商业型

与人见面时，关系—商业型的人真正感兴趣的是关系，若转向业务时，这类人就会提出有战略性的想法。

商业—关系型

商业—关系型的人对关系的兴趣远不如纯粹的商业谈判，但是一旦达成业务合作，便能与对方建立深厚友谊。

商业—商业型

这类人和关系—关系型的人完全相反。在他们发现和那些一直公事公办的人打交道其实需要花费很多时间之前，这类人通常都不能理解我们靠关系办事的方法。

建立关系计划建议

1 月	新年贺卡
2 月	名言贺卡
3 月	个性化简讯
4 月	春季贺卡
5 月	纪念日贺卡
6 月	个性化简讯
7 月	独立日贺卡
8 月	名言贺卡
9 月	个性化简讯
10 月	名言贺卡

11 月	感恩节贺卡
12 月	节日贺卡

表示感谢的承诺和政策示例

我们保证向客户、合伙人、供应商和同事展示我们表达感谢的切实证据——定期、从不间断。我们把关系放在第一位!

- 所有一线员工每个季度都能获得 500 美元的预算，可以在他们觉得适合的时候向客户表示感谢，用于加强需要立即给予关注的服务关系。
- 公司和团队成员都要知道整年里需要送礼物的精确时间。保证不要错过这样的时机。要富有创造性，通过提供非凡的客户服务和适当赠送有价值的小东西给他们留下长久的印象。
- 在既定的日子能立即以实际的、个性化的方式表扬推荐人。
- 与被推荐人谈成业务合作时，要立即以更实际的、个性化的方式表扬被推荐人。
- 供应商和合伙人提供了出色服务时，要立即以实际的、个性化的方式给予适当表扬。
- 所有团队成员应保证在展示出个性、诚信和卓越时，立即以实际的、个性化的方式给予相互表扬。

海格伦德的 20 条后续步骤

1. 相信并接受你的天赋和能力。做真实的自己，说出真实的声音。
2. 完成最初的人名清单。打电话核实他们的地址、电话号码和邮箱。

3．将所有人名按ABC归类，选择一个联系人管理员或客户关系管理系统。确保你有能力设置便于管理的ABC类群体。

4．研究并选择网络打印商打印卡片或其他材料，选择可信的数据库专业人士或虚拟助理来管理你的邮寄和打印。列出你的十二个月的建立关系计划。列出每个月需要定期寄送的礼物。

5．抽时间列出你的完美客户化身的特点。撰写广告文案或选择礼品供应商时，要想到你的完美客户化身。

6．选择一两个线上分类公司来帮助你开发和提供“表示感谢”贺卡。确保你的数据库能融入你选择的公司，这样你的礼品就能轻松地被加工出来。

7．采购个性化感谢便签。每次与客户见面并获得他们的允许将他们加入数据库后，立马将感谢便签寄给他们，为了寻求他们的推荐或只是说声感谢。

8．最终确定“表示感谢!”计划。为自己、一线员工，推荐礼品和普通节假日礼品设立合适的预算。

9．记住交流的三个层面。根据合适的场合选择表层层面、专业层面和真实层面。

10．向数据库中的客户寄出忏悔信。

11．按照步骤获取25条客户评价或网络评论（社会认同临界点）。找到三个案例研究对象，在展示你的产品或服务时，能分别解决三个关键难点。

12．制订计划跟进数据库里的客户。如果合适，可以问他们的生日（不包括出生年份）或纪念日。把他们列入你的数据库。

13．安排与A类人私下见面，并阐释你的新方法。在询问完你是否能帮助他们后，再问问他们认识的人是否对你的产品感兴趣。

14. 如果你想要更大的影响圈，就采用数据库。给每个新增的名单打电话并请求获得他们的同意开始交流。

15. 培训你的员工，告诉你的理论体系和方法是如何起作用的。把所有原则融入于企业文化中。

16. 给所有“你赚钱他们也赚钱”的人打电话——主要是能服务于你的客户的供应商和合作企业。解释你的计划是如何实施的，询问他们是否愿意加入你的推荐队伍互换推荐。

17. 组建一支网络推荐队伍，就像菲利普那样，打印出所有团队成员并自己设计封面作为打印版推荐团队通讯录，可用于你的演讲中。

18. 在你的最初销售展示中说明你是如何将关系放在第一位的，以及对客户的价值是什么。当你信守承诺时，再跟进你的客户并请求他们的推荐。

19. 使用你新获得的“通行证”，按计划给数据库中的所有人打电话，至少一年一次。如果你已经定制了生日贺卡计划，在寄出生日贺卡后就打个电话，在电话中对他们说“生日快乐”。询问你怎样才能帮助他们，如果合适，还可以请求推荐或安排见面。

20. 经常询问你打电话的人你能为他们做些什么，经常提醒客户你的业务是建立在他人优秀意见上的。然后请他们给你推荐客户。